★ VOYAGE ★ HÉBERGEMENT ★ BARS ET RESTOS ★ SHOPPING ★ CULTURE ★

WEEK-END PAS CHER VENISE

★ SÉBASTIEN DESURMONT

L'ART ET LA MANIÈRE DE VOYAGER

★ SANS SE RUINER ★

LES BEAUX JOURS

À Mag et Adrien, merveilleux compagnons de voyage.

Nos adresses ont été sélectionnées selon des critères de prix, de qualité et d'atmosphère. Elles sont classées par quartier et par ordre géographique. La station de *vaporetto* la plus proche est signalée en couleur à la fin de chaque adresse.

**Pour toute remarque ou suggestion,
vous pouvez nous écrire à l'adresse suivante :
weekendpascher@lesbeauxjours.com**

Grazie mille *à Philippe, Gilberto, Giorgio, Anna, Irina, Fabio, Bruno, Paul et tous les Vénitiens qui nous ont livré leurs secrets...*

Le symbole ❤ désigne les coups de cœur de l'auteur.

Les prix donnés, valables au moment de la mise sous presse, sont susceptibles de changer.

Sommaire

Introduction

"Aucun coin de la terre n'a donné lieu, plus que Venise, à cette conspiration de l'enthousiasme."
Guy de Maupassant, *La Vie errante*

Voir Venise et... revivre ! Oubliez l'image mélancolique que lui ont injustement donnée tant d'écrivains. Car, s'il est un endroit qui vous euphorisera, c'est bien Venise. À moins de deux heures d'avion de Paris, la ville où "les pigeons marchent et les lions volent", comme disait Jean Cocteau, offre une parenthèse enchantée, colorée et joyeuse. L'air marin, le ballet permanent des bateaux et les reflets changeants de la lagune y sont sans doute pour beaucoup. Mais, en arrivant au cœur de cette capitale du temps arrêté, la première chose qui frappe est l'absence totale de voitures : d'un côté, des voies d'eau dédiées au transport des hommes et des marchandises ; de l'autre, des ruelles, des ponts, des quais réservés aux déplacements piétonniers. Le Corbusier y voyait le modèle de la cité idéale. Pour qui aime marcher, se balader à l'instinct, se perdre, cette organisation urbaine unique au monde ressemble au paradis.

Même lors d'un court séjour, il faut oser lâcher son plan, laisser de côté pour un instant son programme des monuments à voir, tourner le dos aux panneaux apposés au détour des rues pour guider les visiteurs déboussolés. C'est pourquoi ce guide vous propose aussi des itinéraires originaux qui permettent de se lancer dans le dédale des rues et de goûter à cette autre Venise, loin du flot des touristes, avec son linge séchant aux fenêtres, ses nombreux *bacari* (bars à vin) et ses *campi* (places) baignés de soleil. Même en haute saison, vous constaterez qu'il est étonnamment facile d'échapper à la cohue et de savourer la sérénité de celle qui n'a pas volé son surnom de Sérénissime.

Pas question pour autant de rater les joyaux célèbres qui font aussi sa magie : la place Saint-Marc, le Grand Canal, le musée de l'Académie, les églises et les palais où se cachent des chefs-d'œuvre signés Bellini, Carpaccio, Titien, Tintoret, Véronèse ou Tiepolo. Ce guide vous livre des astuces pour éviter, autant que possible, de vous y rendre à l'heure où tout le monde y va.

Vous profiterez également d'une foule de bons plans pour savourer la cité lacustre sans vous ruiner. Autant le savoir, les prix à Venise sont souvent comparables à ceux pratiqués à Paris, Tokyo, Londres ou New York, mais, en s'y prenant à l'avance pour le logement, en évitant consciencieusement les restaurants aux menus multilingues et aux additions à rallonge, en s'installant de préférence aux terrasses fréquentées par les Vénitiens, en privilégiant les abonnements plutôt que les tickets à l'unité, il est possible de vivre la *dolce vita* sans boire la tasse.

Avec ses gondoles et ses boutiques de masques de Carnaval, la Cité des Doges reste bien sûr une carte postale, parfois horripilante, mais toujours d'une beauté à fendre le cœur. En dépit de sa population vieillissante et de sa vie nocturne réduite, ce n'est pourtant pas une belle endormie qui profite passivement de la manne : régates, fêtes populaires, concerts classiques et biennales d'art contemporain, de danse ou d'architecture, nombre d'événements s'y déroulent tout au long de l'année.

Bref, si vous prévoyez de ne séjourner que deux, trois ou quatre jours à Venise, faites-vous une raison dès aujourd'hui : vous n'aurez pas le temps de tout voir ! Bien que ramassée sur un périmètre restreint, cette étonnante cité d'art est sans doute la seule où l'on peut séjourner dix fois sans jamais suivre le même programme ! *Veni etiam* ("reviens") : comme le suggère l'étymologie, contestée mais séduisante, de son nom, une première visite de Venise en appelle toujours d'autres !

40 expériences incontournables pour un premier week-end à Venise

1. Admirer la Cité des Doges du sommet du **Campanile** de la place Saint-Marc (p. 123). ***Vo San Marco-San Zaccaria***

2. Remonter le **Grand Canal** à l'avant du *vaporetto* nº 1 (p. 41). Un seul passage n'y suffira pas ! ***Vo San Marco Vallaresso***

3. **"Faire un Zattere"** (p. 135), autrement dit, arpenter le quai le plus magique de la ville, grandiose quelle que soit la météo. ***Vo Zattere***

4. Savourer le **coucher du soleil** sur la Sérénissime depuis les rives de la Giudecca (p. 139). ***Vo Zitelle ou Redentore***

5. Monter au sommet de la **tour de l'Horloge** (p. 127). ***Vo San Marco Vallaresso***

6. **Boire un *spritz*** sur le Campo Santa Margherita (p. 114), où se réunissent les étudiants. ***Vo Ca' Rezzonico***

7. Avoir un tête-à-tête avec **Giovanni Bellini** à l'église San Zaccaria (p. 150). ***Vo San Marco-San Zaccaria***

8. Faire ses courses au **marché du Rialto** (p. 141). ***Vo Rialto***

9. Écouter du **Vivaldi** dans une église (p. 119). ***Vo Accademia***

10. Monter dans la **"gondole du pauvre"** pour 0,50 € (p. 42). ***Vo Giglio***

11. Se laisser enivrer par les cinquante-six toiles du **Tintoret** à la Scuola Grande di San Rocco (p. 143). ***Vo San Tomà***

12. Essayer les **glaces folles** de Carlo Pistacchi : gingembre, asperge, artichaut ou carotte (p. 107) ? ***Vo Riva dei Biasio***

13. Trinquer en musique au **Florian** ou au **Quadri** (p. 110). ***V° San Marco Vallaresso***

14. Jouer les branchés à la **Douane de Mer** (p. 136). ***V° Salute***

15. Tremper un ***buranello*** dans sa grappa (p. 157). ***V° Burano***

16. Partager le festin géant de **Véronèse** devant *Le Repas chez Lévi* à l'Accademia (p. 132). ***V° Accademia***

17. Boire un *espresso* au Costa Rica (p. 107). ***V° Ca' d'Oro***

18. Se perdre dans le silence de **San Pietro** (p. 153). ***V° San Pietro***

19. Voguer toute **une journée à travers la lagune** entre Torcello, Burano et Murano (p. 156). ***V° Fondamente Nove***

20. Faire une pause dans le jardin de **Peggy Guggenheim** (p. 137). ***V° Salute***

21. Déguster une *pasta* chez Ai Bisatei, la cantine des ouvriers du verre à Murano (p. 162). ***V° Murano Da Mula***

22. Explorer les couloirs secrets du **palais des Doges** (p. 129). ***V° San Marco Vallaresso***

23. Se balader à **San Michele**, l'un des cimetières les plus joyeux de la planète (p. 163). ***V° Cimitero***

24. Visiter les derniers **ateliers de construction de gondoles** (p. 135 et 139). ***V° San Trovaso ou Palanca***

25. Goûter au *fritolin*, le *fish & chips* local (p. 91). ***V° Rialto***

26. S'offrir de vraies **pantoufles vénitiennes** (p. 170). ***V° Accademia***

27. Rendre visite à **Saverio Pastor**, le sculpteur de *forcole* (p. 172). ***V° Accademia***

28. Suivre la trace de **Corto Maltese** à travers le Ghetto (p. 146). ***V° Guglie***

29. Rester béat devant ***L'Assunta*** du Titien (p. 142). ***V° San Tomà***

30. Se régaler de ***budini*** chez Rosa Salva (p. 108). ***V° Ospedale***

31. Explorer le **chantier naval** de la Giudecca (p. 139). ***V° Palanca***

32. Repartir de chez l'archiviste **Mario Gabbioto** avec une vraie fausse *veduta* (p. 174). ***V° San Tomà***

33. Monter dans la loggia de la **basilique Saint-Marc** (p. 125). ***V° San Marco Vallaresso***

34. Acheter une bouteille de l'unique **vin lagunaire** (p. 168). ***V° San Marco Vallaresso***

35. Se dorer la pilule sur un ponton (p. 135). ***V° Zattere***

36. Commander une **pizza *al volo*** sur le Campo Santa Margherita (p. 82). ***V° Ca' Rezzonico***

37. Savourer la poésie sauvage de **Torcello** (p. 158). ***V° Torcello***

38. Longer les **murailles de l'Arsenal** (p. 152). ***V° Arsenale***

39. Grignoter des ***cicchetti*** chez Do Mori (p. 86), le plus vieux *bacaro* de la ville. ***V° Rialto***

40. Marcher la nuit dans les ruelles silencieuses jusqu'à la place Saint-Marc illuminée. ***V° San Marco Vallaresso***

Suggestion de programme

Venise est une ville inépuisable. Une bonne semaine ne suffit pas à la visiter, alors un week-end… Vous serez donc obligé de revenir ! Cette suggestion de programme mêle les incontournables ultra-fréquentés (place Saint-Marc, basilique Saint-Marc, palais des Doges), les lieux relativement courus qui valent le coup (San Giorgio Maggiore, les Frari, le marché du Rialto, Dorsoduro, Burano et Murano), et quelques coins secrets pour découvrir la ville sans les touristes (San Pietro, l'Arsenal, la Giudecca, le Campo Santa Margherita, le Ghetto).

JOUR 1

---- MATIN • SAINT-MARC

9h00 • Après un café au Florian, découvrez la place Saint-Marc. Arrivez tôt, avant les groupes de touristes qui débarquent vers 10h.
9h30 • Admirez la basilique Saint-Marc, qui ouvre à 9h45. Juste le temps d'y déposer vos sacs à la consigne (obligatoire) ! N'oubliez pas de monter à l'étage, dans la loggia, par le petit escalier à droite en entrant.
10h30 • Grimpez au sommet du Campanile. S'il y a trop de monde, renoncez. Vous monterez plus tard dans celui de San Giorgio Maggiore, où il n'y a généralement pas un chat.
11h30 • Allez admirer la *Vierge à l'enfant* de Giovanni Bellini à l'église San Zaccaria. Prévoir 0,20 € pour illuminer le tableau.
12h30 • Pour un déjeuner sur le pouce, pourquoi pas la Birreria Forst, Calle delle Rasse, 4540, à Castello (voir p. 95) ?

---- APRÈS-MIDI • ARSENAL

13h30 • Petite balade sur la Riva degli Schiavoni, ces quais qui s'étendent à l'est de San Marco jusqu'à Castello.
15h00 • Visitez la Scuola degli Schiavoni, chef-d'œuvre de Carpaccio.
15h30 • Campo Santi Giovanni e Paolo. Entrez dans le "Panthéon" de Venise, où la plupart des doges sont enterrés.

16h00 • Pause gourmande chez Rosa Salva, l'une des plus vieilles pâtisseries de la Sérénissime.
16h30 • Cap sur l'Arsenal. Si vous avez encore des jambes, perdez-vous dans les ruelles jusqu'à l'île de San Pietro.
18h30 • Prenez un *vaporetto* en direction du Grand Canal. À bord des *vaporetti* nos 1 et 2, une bonne centaine de palais somptueux défileront sous vos yeux, comme dans un film.
20h30 • Apéro près du marché du Rialto chez Muro ou à la terrasse de Naranzaria, les deux QG branchés du quartier de San Polo.

JOUR 2

---- MATIN • RIALTO ET FRARI

8h00 • Pour les lève-tôt, rendez-vous au marché du Rialto (du mardi au samedi). Enchantement garanti.
9h30 • Traversez tranquillement le labyrinthe de San Polo jusqu'à l'église des Frari, où vous admirerez la fabuleuse *Assunta* du Titien.
10h30 • Visitez la Scuola Grande di San Rocco, le chef-d'œuvre du Tintoret, puis rejoignez Dorsoduro.

---- APRÈS-MIDI • DORSODURO

12h30 • Après un repas sur le pouce, direction la Ca' Rezzonico, à Dorsoduro, le musée du XVIIIe siècle vénitien, installé dans un splendide palais du Grand Canal.
14h30 • Perdez-vous dans le quartier de Dorsoduro jusqu'aux Zattere.
16h00 • Prenez le *vaporetto* no 2 à l'arrêt Zattere jusqu'à l'île de San Giorgio Maggiore. N'oubliez pas de monter au sommet du Campanile.
18h30 • Parcourez la Giudecca. Besoin d'un remontant ? Installez-vous sur une terrasse de la Giudecca pour admirer le coucher du soleil sur la Cité des Doges.
21h00 • Pour un vrai repas à la vénitienne, restez sur la Giudecca ou traversez le canal jusqu'à Dorsoduro. Pour un dernier verre, rendez-vous au Campo Santa Margherita, l'endroit le plus animé de Venise.

JOUR 3

---- MATIN • ACCADEMIA

9h00 • Commencez la journée par le plus beau musée de la ville, l'Accademia. Pour les plus motivés, il ouvre ses portes à 8h15 !

11h00 • Traversez le pont de bois pour aller admirer le Campo Santo Stefano. Ou faites un saut à la Douane de Mer, nouvel espace d'art contemporain ouvert en 2009 par François Pinault.

---- APRÈS-MIDI • CANNAREGIO

14h00 • Prenez le *vaporetto* pour vous rendre directement à Cannaregio, où vous passerez l'après-midi : visite de la Ca' d'Oro, balade dans le Ghetto jusqu'à l'église de la Madonna dell'Orto.

18h30 • Rendez-vous place Saint-Marc. Une petite folie ? Un apéro en musique à la terrasse de l'un des cafés. On peut aussi s'y rendre plus tard dans la nuit. Romantisme assuré.

20h30 • Vous n'êtes pas loin : dînez à l'Antica Sacrestia, Calle della Sacrestia, 4442, à Castello. Son apparence de repaire à touristes cache en réalité une formidable adresse.

JOUR 4

---- MATIN • BURANO

9h00 • Embarquez pour l'île de Burano à bord du bateau LN (à prendre à Fondamente Nove, Cannaregio).

10h00 • Promenade à Burano.

12h00 • Déjeuner à Burano.

---- APRÈS-MIDI • TORCELLO ET MURANO

14h00 • Faites un saut à Torcello, puis reprenez le bateau pour Murano.

16h30 • Balade et shopping à Murano. N'oubliez pas d'aller voir la magnifique basilique Santi Maria e Donato, près du musée du Verre.

Week-end à Venise avec les enfants

Qui a dit que Venise n'était pas faite pour les bambins ? D'accord, c'est une destination très "lune de miel", mais les petits dès 3 ans y trouvent aussi une source d'étonnement insurpassable. Pas une voiture, des placettes pour courir, l'aventure du bateau... Les enfants un peu plus âgés seront fascinés par les palais construits sur l'eau et les spécificités de la vie vénitienne, comme ces bateaux-ambulances filant toutes sirènes hurlantes le long des canaux.
À noter. À Venise, on trouve partout en vente un ouvrage formidable pour guider les enfants comme dans un jeu de piste : *Les Enfants à la découverte de Venise*, d'Elisabetta Pasqualin (Lapis, 2004).

• À FAIRE AVEC EUX

1. Remonter le Grand Canal par le *vaporetto* n° 1 (p. 41), et compter le nombre de palais. Mettez-vous à l'avant du bateau !

2. Visiter un atelier de verrier à Murano (p. 160).

3. Monter au sommet de la tour de l'Horloge (p. 127), place Saint-Marc (accès autorisé à partir de 6 ans).

4. Visiter le Musée historique naval à l'Arsenal (p. 152).

5. Jouer et courir dans les Giardini Pubblici, au bout du quartier de Castello (p. 150).

6. Faire un pique-nique dans les champs de Sant'Erasmo, le "potager" de Venise (p. 163).

7. Observer les oiseaux de la lagune entre les îles Mazzorbo, Burano et Torcello (p. 157).

8. Visiter le musée d'Histoire naturelle et ses squelettes de dinosaures (Salizzada Fondaco dei Turchi, 1730. Tél. 041 275 02 06. www.msn.ve.it. Ouvert du mardi au vendredi de 9h à 13h, samedi et dimanche de 10h à 16h. Entrée libre).

9. Voir le parking des bateaux de la Giudecca et l'atelier de réparation de gondoles (p. 139).

10. Jeter un œil à la caserne des pompiers et à son parking à bateaux, Rio di Ca' Foscari et Calle Larga Foscari, à Dorsoduro.

Pour préparer votre voyage à Venise, rendez-vous au Louvre !

Vous ne connaissez pas grand-chose à la Renaissance italienne ? Bellini, Titien, Véronèse, le Tintoret, c'est un peu flou ? Ou bien vous avez tout simplement envie de réviser vos classiques avant le départ ? Spécialiste des visites culturelles à travers Paris et ses musées, Magalie vous propose une visite de 2 heures sur le thème "Préparez votre voyage en Italie". Pour une introduction au miracle italien, vous parcourrez le Louvre en compagnie de cette historienne de l'art. De quoi débarquer dans les musées de la Sérénissime comme en terrain conquis. Vu le succès, la réservation est indispensable.

Les Balades de Magalie

Tél. 06 14 66 49 27 • www.lesbaladesdemagalie.fr

À partir de 150 € pour 5 personnes

Cartes de réduction

Attention, casse-tête ! Les institutions culturelles, la Ville et l'office de tourisme proposent diverses cartes de réduction. Laquelle choisir ? Nos conseils pour vous aider à vous y retrouver.

• SAN MARCO MUSEUM CARD

Prix • 12 €. Tarif réduit (enfants, étudiants jusqu'à 25 ans, Européens de plus de 65 ans, porteurs de la Rolling Venice Card) : 6,50 €. Valable 3 mois.

Accès • Les quatre musées de la place Saint-Marc (palais des Doges, musée Correr, Musée archéologique, bibliothèque Marciana). D'avril à octobre, pour 1 € de plus, entrée offerte dans l'un des autres musées de la ville, comme la Ca' Rezzonico, la Ca' Pesaro ou le musée du Verre de Murano.

Où l'obtenir • Achat dans les musées concernés. Allez plutôt à la caisse du musée Correr, moins bondé. Également via www.museicivicivenezian i.it.

Notre avis • Presque obligatoire. En réalité, si l'on veut visiter même un seul des musées de Saint-Marc, on ne peut pas faire sans. Si vous n'entrez que dans le palais des Doges, c'est le même prix !

• MUSEUM PASS

Prix • 18 €. Tarif réduit (enfants, étudiants jusqu'à 25 ans, Européens de plus de 65 ans, porteurs de la Rolling Venice Card) : 12 €. Valable 6 mois.

Accès • Une entrée dans tous les musées municipaux : les quatre musées de la place Saint-Marc (palais des Doges, musée Correr, Musée archéologique, bibliothèque Marciana), la Ca' Rezzonico, le Palazzo Mocenigo, la Maison Goldoni, la Ca' Pesaro, le musée du Verre, le musée d'Histoire naturelle.

Où l'obtenir • Achat dans les musées concernés ou bien au musée Correr, moins bondé. Également disponible via www.museicivici-veneziani.it.
Notre avis • Ce Pass sera rentabilisé si vous avez l'intention d'entrer dans au moins deux musées de la ville, en plus de ceux de la place Saint-Marc. Une bonne carte, donc, mais elle ne donne pas accès à l'Accademia.

• CHORUS PASS
Prix • 10 €. Tarif réduit (étudiant de moins de 29 ans) : 7 €.
Tarif famille (2 adultes + 1 jeune de 11 à 18 ans) : 20 €.
Gratuit jusqu'à 10 ans. Valable 1 an.
Accès • Ce pass donne accès à 16 églises payantes (billet à l'unité : 3 €). Les plus importantes y figurent, comme les Frari, San Sebastiano, Il Redentore, la Madonna dell'Orto. Manquent toutefois Zanipolo et la loggia de la basilique Saint-Marc. De même, les Scuole ne font pas partie du Chorus Pass.
Où l'obtenir • On peut l'acheter directement à l'entrée de l'une des 16 églises (pas de CB) ou à l'avance sur www.chorusvenezia.org.
Notre avis • Le calcul est tout simple : un billet à l'unité coûtant 3 €, cette carte est rentabilisée dès la quatrième église.

• ROLLING VENICE CARD
Prix • 4 €. Carte réservée aux 14-29 ans.
Valable jusqu'au 31 décembre de l'année d'achat.
Accès • Cette “carte jeunes” donne droit à des réductions importantes pour le *vaporetto*, de nombreux musées, des commerces et même certains restos.
Où l'obtenir • Achat sur présentation de sa pièce d'identité aux guichets Hellovenezia (principaux embacadères de *vaporetto*) ou dans les bureaux de l'office de tourisme (voir p. 181).
Notre avis • Intéressante pour payer moins cher ses musées et ses transports (seuls les billets de plus de 72h bénéficient des réductions). Si vous avez moins de 29 ans et que vous restez plus de 3 jours, n'hésitez pas !

• VENICE CARD ORANGE

Prix • 3 jours : 73 €. Tarif junior (jusqu'à 29 ans) : 66 €.
7 jours : 96 €. Tarif junior : 87 €.

Accès • Comprend l'accès illimité aux transports en commun, tous les musées municipaux, les 16 églises du Chorus Pass, entrée gratuite à la Fondation Querini Stampalia et au Musée juif, tarifs réduits dans de nombreux musées (Palazzo Grassi).

Où l'obtenir • Billetterie Venice Card à Piazzale Roma, Gare Santa Lucia ou dans les offices de tourisme.

Notre avis • Une carte globale transport et culture, qui facilite l'organisation du séjour. Un peu démesurée pour 3 jours, elle plaira surtout aux affamés de culture ou à ceux qui restent 7 jours.

• VENICE CARD BLEUE

Prix • 3 jours : 48 €. Tarif junior (jusqu'à 29 ans) : 47 €.
7 jours : 68 €. Tarif junior : 67 €.

Accès • Comprend l'accès aux transports en commun + accès aux toilettes payantes de la ville.

Où l'obtenir • Billeterie Venice Card à Piazzale Roma, gare Santa Lucia ou dans les offices de tourisme.

Notre avis • Inutile ! Cette carte augmente le coût des transports, et l'on trouve des toilettes dans tous les musées, cafés et restos.

Bon plan : payez moins cher sur Venice Connected

Le site de réservation de la mairie de Venise permet d'acheter en ligne le Museum Pass, des billets de bateau et même des places de parking. Il est officiellement recommandé de réserver au moins 15 jours à l'avance, mais cela vaut encore la peine de se connecter à une semaine du départ. Les tarifs proposés sont dégressifs selon la période de l'année, le but étant d'inciter les visiteurs à venir en basse ou moyenne saison. Ainsi, début mars ou fin novembre, l'abonnement de transport pour 72h est vendu 24 €, contre 33 € en haute saison.

www.veniceconnected.com

Venise

Comprendre la ville

ÉLOGE DE VENISE PRONONCÉ POUR LA CONSÉCRATION DU DOGE LUIGI MOCENIGO, LE 23 AOÛT 1570

"Voici la ville qui, à tous, inspire la stupeur. [...] Qui ne l'a vue ne croit point ce qu'on lui en dit et qui la voit croit à peine ce qu'il voit. Qui entend sa gloire n'a de cesse de la voir, et qui la voit n'a de cesse de la revoir. Qui la voit une fois s'en énamoure pour la vie et ne la quitte jamais plus, ou s'il la quitte c'est pour bientôt la retrouver, et s'il ne la retrouve il se désole de ne point la revoir. De ce désir d'y retourner qui pèse sur tous ceux qui la quittèrent elle prit le nom de Venetia, comme pour dire à ceux qui la quittent, dans une douce prière : Veni etiam, reviens encore."

Repères chronologiques

ve siècle • Les barbares dévastent la région d'Aquilée, entraînant un déplacement de populations vers la lagune.

639 • Fondation de la basilique de Torcello et élection d'un gouverneur appelé "doge", du latin *dux*, "chef". Les Vénètes continuent de dépendre de Byzance, dont la flotte accourt en 810 pour les défendre contre les Francs.

828 • Selon la légende, deux marchands vénitiens rapportent d'Alexandrie les reliques de saint Marc, dissimulées sous des quartiers de porc. Le saint devient le grand patron de la cité lagunaire, qui commence à s'établir sur les îles du Rialto.

1000 • Venise impose sa domination sur les mers. Sa flotte se répand sur les côtes dalmates, puis dans toute l'Adriatique, et enfin à travers la Méditerranée. Elle importe d'Orient le sel, les épices et les soieries, exporte bois et produits occidentaux.

1204 • Prise et sac de Constantinople, lors de la quatrième croisade, qui provoque le démantèlement de l'Empire byzantin. En échange de leurs moyens militaires, les Vénitiens obtiennent le monopole du commerce en Méditerranée orientale.

1271-1295 • Voyage de Marco Polo en Asie.

1348 • La peste qui s'abat sur Venise tue la moitié des habitants et provoque une grave crise économique.

1379 • La flotte génoise entre dans la lagune et prend Chioggia. Un traité de paix est toutefois signé en 1381, confirmant l'hégémonie vénitienne.

1453 • Les Turcs prennent Constantinople.

1500 • Les nouvelles routes maritimes vers l'Asie s'ouvrent, ce qui met en péril le monopole des marchands vénitiens.

1508 • La Ligue de Cambrai, alliance du pape Jules II, de la France, de l'Espagne et du Saint-Empire romain germanique, est mise en place contre Venise. La Sérénissime perd la majorité de ses possessions sur la terre ferme, mais, par le jeu des alliances diplomatiques, en récupère une grande partie en 1516. Venise ressort plus puissante encore. C'est le début du Siècle d'Or vénitien, l'apogée de sa puissance. La ville domine le monde et s'emplit de palais somptueux. Les peintres Titien, Véronèse et, un peu plus tard, le Tintoret sont les acteurs de la Renaissance vénitienne.

1571 • Le 7 octobre, victoire navale de Lépante. La Sainte Ligue (Venise, Espagne, papauté) bat la flotte turque, mais cette victoire n'empêche pas le repli des possessions vénitiennes au profit des Ottomans.

1575 • La grande peste qui décime la ville fait 60 000 victimes, dont le peintre Titien. Encore très puissante et riche, Venise entre dans une période de déclin.

1630 • Une nouvelle peste fait 46 000 victimes. Malgré sa puissance bancaire et commerciale, Venise fait face à un début de crise économique provoquée par les dépenses militaires pour contenir l'expansion turque et l'évolution des routes maritimes vers l'Orient. De puissantes compagnies hollandaises, anglaises et françaises concurrencent désormais Venise.

1669 • Venise, à bout de souffle, perd la Crète au terme de la guerre de Candie, débutée en 1645.

1797 • Chute de la république. Le 12 mai, Bonaparte envahit la ville ; le 120e doge de Venise, Ludovico Manin, abdique. Après six mois d'occupation, la ville est cédée aux Autrichiens par le traité de Campo Formio.

1806 • L'empereur Napoléon reconquiert Venise en janvier 1806. Il en est chassé de nouveau en 1814 par les Autrichiens, qui resteront jusqu'en 1866.

1846 • Venise n'est plus une île : un pont ferroviaire de 3 600 mètres la relie désormais à la terre ferme, à Mestre – qui appartient administrativement à Venise.

1866 • Le roi d'Italie Victor-Emmanuel II récupère la Vénétie.

1902 • Le 14 juillet s'écroule l'immense campanile de la Piazza San Marco. C'est le signe de la décrépitude générale de la ville.

1966 • Grandes inondations : Venise est sous 2 mètres d'eau. C'est le début d'une prise de conscience mondiale sur l'urgence de sa sauvegarde.

1973 • Une loi spéciale permet de débloquer des milliards de lires pour la restauration de la ville. Parallèlement, la Vénétie devient l'une des régions les plus prospères d'Italie.

2008 • Venise ne compte plus que 60 180 habitants (270 000 à Mestre, sur la terre ferme), contre 130 000 en 1800.

2009 • Réouverture en grande pompe de la Douane de Mer, abritant une partie de la collection Pinault. Le lieu, fermé depuis trente ans, était l'emblème de la puissance commerciale et maritime de Venise. Le début de la renaissance ?

Les quartiers de Venise

Venise a la forme d'un gros poisson ; la tête à l'ouest, la queue à l'est. Elle est divisée en six quartiers, les *sestieri* : trois à l'ouest du Grand Canal (**Dorsoduro, San Polo** et **Santa Croce**), trois autres à l'est (**San Marco, Castello, Cannaregio**).
S'ajoutent les îles : celles, toutes proches, du bassin de Saint-Marc (**Giudecca, San Giorgio Maggiore**), celles du nord de la lagune (**San Michele, Murano, Burano, Torcello, Vignole, Sant'Erasmo**...) et celles du sud (**San Lazzaro degli Armeni, Lido**...). Toutes offrent le visage d'une autre Venise.
Même si les grandes directions sont bien fléchées, déambuler à travers cette agglomération piétonnière est un vrai sport, doublé d'un concours d'orientation de haut niveau – vous vous y perdrez au moins une fois, restez zen ! Bâtie sur 118 îles, la ville est en effet un dédale unique au monde de quelque 400 ponts, 170 canaux, 120 *campi* ("places") et des kilomètres de *calle* ("ruelles") entrecoupées de *fondamente* ("quais"), de *corte* ("cours") ou encore d'un *ramo* ("petite rue"), d'une *salizzada* (terme désignant les premières rues pavées), d'un *sottoportego* ("passage couvert"), d'un *rio terà* ("canal comblé") ou d'une *piscina* (retenue d'eau aujourd'hui comblée).

Au centre, le Grand Canal forme un serpent – ou un *S* à l'envers – sur 4 km : il constitue les "Champs-Élysées" de la ville, qui rassemble plus de cent palais somptueux. Pour autant, bien que labyrinthique, la Cité des Doges n'est pas très étendue (800 hectares). Il est donc possible de la traverser en un après-midi. Et vous découvrirez que chaque *sestiere* possède ses particularités…

--- SAN MARCO

Le *sestiere* de San Marco, du nom du saint patron de la ville, correspond au centre historique et touristique de la Sérenissime. C'est ici que déferlent les 20 millions de touristes annuels. On y trouve les splendeurs de la Basilique et du palais des Doges, à voir absolument, mais aussi les magasins de luxe, les hôtels cinq étoiles et les restaurants les plus chers. Certaines rues sont si encombrées en haute saison qu'on y trouve des sens interdits pour piétons ! Pour découvrir l'âme de ce quartier où peu de Vénitiens continuent d'habiter, fuyez rapidement la Piazza San Marco – mais revenez-y tard le soir – et le pont du Rialto. Baladez-vous plutôt du côté du Campo Santo Stefano, l'une des places les plus élégantes de la ville.

Acqua alta : les pieds dans l'eau

*Provoqué par les marées et les précipitations, et renforcé par l'enfoncement progressif de la ville, le phénomène d'*acqua alta *désigne l'inondation des rues par l'eau, généralement entre novembre et février. Le quartier San Marco est le plus touché. Renseignez-vous bien sur les risques d'inondation si vous louez un rez-de-chaussée dans la ville à cette période ! Les sirènes, différentes selon l'ampleur de l'inondation, retentissent pour prévenir les Vénitiens, qui enfilent alors leurs bottes… et font comme si de rien n'était ! Des passerelles sont installées pour pouvoir déambuler dans les rues. Pour vous informer sur le risque d'*acqua alta *avant votre départ, consultez le site de la Ville : www.comune.venezia.it.*

--- DORSODURO

Ce *sestiere* occupe la partie méridionale et comprend l'île de la Giudecca. Dorsoduro ("dos dur") est le seul quartier bâti sur une terre ferme – rocheuse, précisément – et non en plein marécage. Quartier élégant, plus aéré, habité par beaucoup d'artistes et d'intellectuels, il concentre de nombreux musées, dont l'Accademia, le Guggenheim, la Douane de Mer et la Ca' Rezzonico. C'est aussi dans ce secteur que l'on trouve des restaurants où dînent les gourmets vénitiens, sans parler des spots incontournables de l'apéro : le Campo Santa Margherita et les Zattere.

--- SAN POLO - SANTA CROCE

Les "jumeaux vénitiens" ! Ces deux quartiers se trouvent au centre de Venise, dans la boucle du Grand Canal. Ils renferment un grand nombre de richesses artistiques, dont la Scuola Grande di San Rocco, l'église des Frari et le marché historique du Rialto, autour duquel se trouvent nombre de bons restaurants et de bars à vin. Le Rialto est aussi un rendez-vous très agréable à l'heure de l'apéro.

--- CANNAREGIO

Au nord-ouest de la ville, entre la gare ferroviaire Santa Lucia, le Ghetto et les Fondamente Nove, ce vaste quartier qui a gardé son âme populaire regorge de coins totalement oubliés des touristes : les amateurs de promenades hors des sentiers battus adoreront. On profitera aussi de la Strada Nova pour le shopping.

--- CASTELLO

Le nom de ce quartier rappelle qu'une forteresse se dressait jadis sur la petite île de San Pietro. C'est le plus grand des six quartiers de Venise. Étiré vers l'est, il jouxte San Marco à l'ouest. Dans certains recoins, il a gardé l'empreinte ouvrière du chantier naval de l'Arsenal, avec ses rues rectilignes où logeaient les *arsenalotti*, les ouvriers de l'Arsenal. Moins de palais et de monuments d'exception, mais une vraie vie et des restaurants conviviaux où les Vénitiens se retrouvent en famille.

Carnaval, régates et festivals

La cité de Goldoni et de Casanova a toujours fait la fête avec un art consommé, si bien que des manifestations s'y tiennent toute l'année. Si vous passez un week-end à Venise au bon moment, il serait dommage de rater ces occasions.

Carnaval de Venise

www.carnevale-venezia.com
***Quand** : février*
***Où** : partout dans la ville*
Remontant au xe siècle, c'est le plus grand événement de l'année. Mais c'est aussi le moment où il y a le plus de monde à Venise et où les prix triplent. C'est vrai pour les hôtels, pour nombre de restos... Bref, l'impression d'être déguisé en dollars est réelle ! Beaucoup de Vénitiens fuient la ville à cette période, tandis que les plus riches participent à des soirées privées dans des palais. La foule s'agglutine sur la place Saint-Marc. Autant dire que pour une première fois, il y a mieux. La tradition veut que l'on se déguise, mais pas n'importe comment : il est bien vu de faire une descente chez un costumier.
À sa grande époque, sous la république, le Carnaval durait de décembre au Carême. Il s'est même étendu sur six mois au XVIIIe siècle, avant son interdiction en 1797. Il constituait un grand lâcher-prise collectif : bals masqués, courses de taureaux, lâchers de chiens, jeux de hasard et libertinage à gogo. Le Vénitien, quelle que soit sa condition, se baladait caché derrière sa *bauta*, son masque blanc, emmitouflé dans son *tabarro* (cape noire) et affublé du tricorne. On puisait aussi dans les personnages de la *commedia dell'arte*. Grâce à ces tenues, les ouvriers devenaient des aristos, et inversement. Une bonne façon de réguler les tensions sociales.
Relancé dans les années 1980, le Carnaval d'aujourd'hui est un énorme business, avec des bals et des soirées privées aux droits d'entrée astronomiques (de 250 à 2 000 € !). Toutefois, il donne encore lieu à des images féeriques. Entre autres merveilles, on

assistera au Vol de l'Ange sur un filin entre le Campanile et le palais ducal, à la Festa delle Marie, procession avec la Miss Carnaval de l'année, aux défilés masqués, à la procession des gondoles sur le Grand Canal ou encore au feu d'artifice tiré sur le Grand Canal. On conseillera d'aller plus loin que la place Saint-Marc, vraiment irrespirable à certains moments. Pourquoi pas du côté de San Giacomo dell'Orio ou à l'est du Castello ? Les associations de quartier y organisent souvent un carnaval à taille humaine. Profitez-en pour goûter les *fritelle*, ces délicieux beignets réalisés uniquement à cette période de l'année.

Salon nautique international de Venise

www.festivaldelmare.com

***Quand** : mars*

***Où** : station maritime (terminus des ferries) et Arsenal*

Ce rendez-vous des professionnels du nautisme est surtout une bonne occasion de voir passer des régates dans la lagune et d'entrer dans l'Arsenal, exceptionnellement ouvert au public.

Vogalonga

www.vogalonga.com

***Quand** : mai*

***Où** : lagune, San Marco, quais de Cannaregio*

Créé en novembre 1974, cet événement est resté une fête spectaculaire qui vaut le détour. Il célèbre l'amour de Venise pour la navigation à rame, la *voga alla veneta*. Des milliers d'embarcations de toutes tailles font une boucle d'une trentaine de kilomètres à travers la lagune. Les gros bras s'y préparent toute l'année. C'est magnifique à voir.

Festa della Sensa

www.sevenonline.it/sensa
Quand *: mai, week-end de l'Ascension*
Où *: bassin Saint-Marc*

À cette époque de l'année, il y a beaucoup de monde à Venise, et pour cause : la fête de l'Ascension revêt un caractère particulier pour les locaux, au point que de nombreux expatriés reviennent pour y assister. Cette fête correspond à la célébration des noces de Venise avec la mer, une tradition des origines. Embarqué sur le *Bucintoro*, bateau d'apparat, le doge lançait jadis un anneau d'or à la mer pour commémorer la victoire de sa flotte en Dalmatie (998). Aujourd'hui, c'est le maire qui s'y colle !

Biennale de Venise

www.labiennale.org
Quand *: chaque année impaire, de juin à novembre*
Où *: pavillons des Giardini Pubblici, Arsenal et dans de nombreux palais (parcours "off")*

Événement au rayonnement colossal, la Biennale d'art contemporain de Venise existe depuis 1895. Chaque pays envoie un artiste pour le représenter à travers une œuvre spécialement conçue pour l'événement. Les œuvres ne sont pas à vendre, mais la présence d'artistes de tout premier plan à chaque édition, de Robert Rauschenberg en 1964 à Sophie Calle en 2007, sert de baromètre au marché de l'art. La joyeuse ambiance liée à ce rendez-vous et la population *arty* qu'elle attire lui confèrent en outre un air branché et désinvolte qui sied parfaitement à la ville. N'hésitez pas à consacrer une journée aux différents pavillons (parcours payant), ni à faire quelques détours dans les palais de la ville (accès libre), où nombre de pays organisent des manifestations "off". À noter : la Biennale concerne aussi la danse, le théâtre et la musique, avec des spectacles organisés dans les entrepôts de l'Arsenal.

Festa del Redentore

***Quand** : troisième week-end de juillet*

***Où** : Chisa del Redentore, Giudecca*

C'est l'une des grandes fêtes populaires de Venise. Elle commémore la fin de la terrible épidémie de peste de 1575-1576. Comme jadis, un pont votif provisoire de 320 mètres de long est installé entre les Zattere et l'église du Rédempteur. C'est le seul moment de l'année où l'on peut se rendre à pied sur l'île de la Giudecca ! Tous les Vénitiens y participent en famille, venant avec leurs petits bateaux décorés de feuilles, de fleurs, de guirlandes et de lampions. Le dimanche, le bassin Saint-Marc est le lieu d'un gigantesque pique-nique naval, jusqu'au feu d'artifice tiré le soir dans la Giudecca.

Mostra del Cinema

www.labiennale.org, rubrique "Cinema"

***Quand** : la première semaine de septembre*

***Où** : Lido*

Cet événement né de la Biennale de Venise en 1932 est le festival de Cannes italien. Défilé de stars, yachts bouchant la vue sur Saint-Marc, paparazzi en embuscade... L'effervescence a surtout lieu au Lido, mais les prix de l'hôtellerie atteignent partout des sommets. Autrement dit, c'est une période à éviter pour qui veut trouver un logement bon marché.

La Regata Storica

***Quand** : le premier week-end de septembre*

***Où** : Grand Canal*

La plus grande course de l'année ! Les Vénitiens sont alors au comble du stress, car le jour de la Régate historique est celui de la finale du championnat auquel participent les rameurs de toute la lagune. Pour admirer le spectacle, évitez les rives du Rialto, pleines à craquer. Vous trouverez un petit ponton où vous installer près des stations Sant'Angelo ou San Tomà.

Festa della Madonna della Salute

Quand : le 21 novembre

Où : Chiesa della Salute

Depuis plus de trois siècles, cette fête magique est un moment de ferveur comme seule l'Italie en connaît. Elle commémore la fin de la peste de 1630. Un pont votif franchit alors le Grand Canal depuis le Campo del Traghetto, à côté du Palazzo Gritti, pour arriver en face, Calle del Traghetto, dans Dorsoduro. Si vous êtes à Venise ce week-end-là, allez acheter votre bougie sur le parvis de l'église et suivez le mouvement...

Pour connaître le programme

Venezia News • www.venezianews.it

Distribué gratuitement dans les cafés, ce mensuel d'info très bien fait, en italien et en anglais, répertorie tout ce qu'il y a de neuf à Venise et à Mestre. Le site Internet diffuse les mêmes informations.

Un Ospite di Venezia • www.unospitedivenezia.it

En italien et en anglais, ce guide distribué dans la plupart des hôtels est édité par la puissante association des concierges d'hôtel, les Clefs d'or de Venise. Infos sur les expos, les horaires, les tarifs des taxis et des gondoles... Le site est également très complet.

Partir

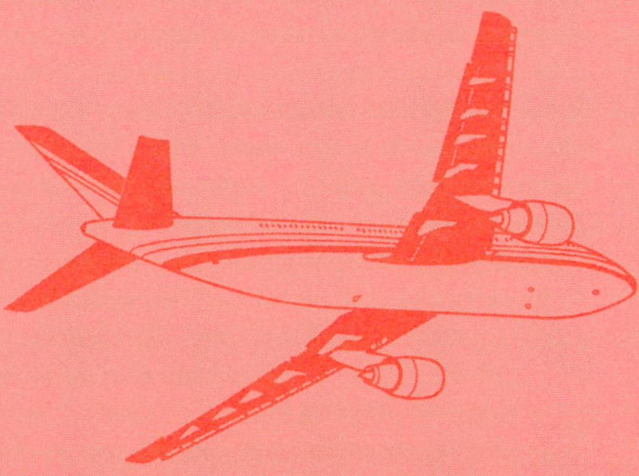

Grâce aux tarifs alléchants proposés par les compagnies low-cost, le voyage en avion revient souvent beaucoup moins cher que le mythique trajet en train, qui vous fait arriver au petit matin à la gare Santa Lucia, au pied du Grand Canal. Quant à prendre la voiture, c'est imaginable, mais il faut compter tout de même 11h de voyage au départ de Paris, et prévoir en outre les frais de parking à l'entrée de la ville ou à l'aéroport Marco Polo.

À emporter avec vous

Des jumelles *: indispensables pour admirer les détails d'un plafond de Tiepolo ou pour observer les oiseaux de la lagune.*
Des bottes *: l'accessoire mode des Vénitiens en cas d'*acqua alta. *On peut aussi acheter sur place des bottes ou des cuissardes jetables.*
Un répulsif antimoustiques *: en plein été, les rives de la lagune et les canaux moites sont un rêve pour les* zanzare…
De bonnes chaussures *: elles seront votre moyen de transport principal ! Idéalement, prévoir deux paires – une pour la journée, une autre pour le soir – pour le confort de vos petons martyrisés.*
Une tenue élégante *: inutile de sortir le smoking, mais à Venise on aime s'habiller pour sortir le soir. Si vous avez l'intention de vous rendre à l'opéra ou dans un bon resto, pensez-y. Par ailleurs, un grand foulard est toujours utile pour cacher les épaules dénudées à l'entrée des églises.*
Un vêtement imperméable *: le climat est humide et assez froid en hiver, et il tombe parfois des trombes d'eau même en été.*
De la crème solaire *: le soleil cogne dès le printemps, et la réverbération de l'eau est parfois redoutable en été.*

En train

SNCF / Artesia

Informations. www.artesia.eu
Réservations. Tél. 36 35 • www.voyages-sncf.com
À condition de réserver suffisamment tôt, le train est une formule assez économique.

• TRAIN DE NUIT

La nuit en **train-couchette** (13h de trajet) reste fatigante : si vous partez pour un court week-end et que vous ne voulez pas être sur les rotules pour visiter la ville, méfiance ! Néanmoins, le Paris-Venise reste une aventure légendaire empreinte d'un certain romantisme, surtout si vous choisissez de vous offrir une cabine privée – plus chère. L'arrivée matinale à la gare Santa Lucia reste aujourd'hui encore digne des mots de Paul Morand : "La gare de Venise à jamais est restée pour moi une entrée triomphale."
• PARIS > VENISE • *Départ de Paris-Bercy tous les jours à 20h33, arrivée le lendemain à Venise-Santa Lucia à 9h32*
• VENISE > PARIS • *Départ de Venise-Santa Lucia tous les jours à 19h57, arrivée le lendemain à Paris à 8h19*
Utile pour ceux qui habitent dans l'est de la France : le Paris-Venise marque l'arrêt à Dijon et à Dole, à l'aller comme au retour.

Côté confort, la compagnie Artesia propose plusieurs catégories pour le trajet de nuit.
Les **voitures-couchettes** climatisées – compartiments à partager – constituent la formule la plus économique.
• COMPARTIMENT 4 PERSONNES • *à partir de 45 € l'aller par personne*
• COMPARTIMENT 6 PERSONNES • *35 € l'aller par personne*
Plus coûteuses, les **voitures-lits** aux faux airs d'Orient-Express : on y voyage dans une cabine privée dotée d'un véritable lit et d'un lavabo. Le personnel d'accompagnement fait votre lit et, à votre réveil,

vous sert gratuitement, en cabine, boissons chaudes, croissants, jus de fruits et presse du jour. Une formule charmante pour une escapade amoureuse à Venise. Selon le type de cabine sélectionné, on peut voyager seul (à partir de 265 €), à deux (175 € par personne) ou à trois (160 € par personne).

BON À SAVOIR • Ne soyez pas surpris si le personnel de bord vous réclame votre pièce d'identité en même temps que votre titre de transport dès la montée dans le train : il se chargera des formalités de douane pendant que vous dormirez et vous restituera vos papiers en vous réveillant un peu avant l'arrivée du train.

• TRAIN DE JOUR

On peut aussi prendre le train de jour pour se rendre à Venise, avec correspondance à Milan. Le trajet dure toute la journée !

• **DÉPART** *de Paris-Gare-de-Lyon à 7h42*
• **ARRIVÉE** *à Venise-Santa Lucia à 18h09*
À partir de 120 € l'aller par personne

• À VOTRE ARRIVÉE EN TRAIN

Le terminus Venezia-Santa Lucia vous mène au cœur de la Sérénissime. La gare s'ouvre directement sur le Grand Canal : il ne vous reste qu'à descendre les marches et à prendre le *vaporetto* (arrêt Ferrovia), ou à crapahuter directement jusqu'à votre hôtel. Si vous êtes chargé, des porteurs sont disponibles juste devant la gare (Trasbagagli, Tél. 041 715 272. www.trasbagagli.it). Accordez-vous au préalable sur le prix de la prestation.

En avion

Situé au nord de la lagune, l'aéroport Marco Polo est proche de la ville. Arriver en avion est donc la meilleure solution pour un week-end court, d'autant que les tarifs sont en chute libre depuis quelques années.

Voler du bon côté

Lorsque le ciel est dégagé, l'arrivée en avion à Venise est magique. Toute la lagune vue du ciel, le dédale des canaux et des ruelles s'offrent à vous. Pour ne pas rater ce spectacle, placez-vous du côté hublot, sur la droite de l'appareil !

EasyJet

www.easyjet.fr

EasyJet propose un aller-retour par jour au départ de Paris (à partir de 32 € l'aller + frais de bagages) et de 3 à 5 vols par semaine au départ de Lyon (à partir de 27 € l'aller). Réserver à l'avance permet d'obtenir les meilleurs tarifs.

Ryanair

www.ryanair.com

Ryanair propose des vols quotidiens vers Trévise (à 35 km de Venise) au départ de Beauvais (à partir de 18,99 € l'aller + 5 € d'enregistrement en ligne + frais de bagages). Ryanair propose également un vol quotidien vers Trévise au départ de Charleroi, près de Bruxelles (à partir de 44 € l'aller + 5 € d'enregistrement en ligne + frais de bagages).

Flybaboo

www.flybaboo.com

Cette compagnie low-cost suisse assure 6 liaisons directes par semaine entre Venise et Nice, et des liaisons régulières avec Bordeaux, Toulouse et Marseille, via Genève (à partir de 70 € l'aller).

Air France

Tél. 36 54 • www.airfrance.fr

Air France assure plusieurs allers-retours par jour au départ de Paris et de Lyon (1h15 de trajet) pour des prix allant de 100 à 400 € selon la période. Consultez la rubrique “Promotions” sur le site Internet pour obtenir des tarifs intéressants.

Alitalia

www.alitalia.fr

En partenariat avec Air France, Alitalia propose jusqu’à 6 liaisons par jour entre Paris et Venise, à des tarifs identiques à ceux de la compagnie française. Alitalia assure également des liaisons quotidiennes au départ de Bruxelles (à partir de 150 € l’aller-retour).

• À VOTRE ARRIVÉE À L’AÉROPORT

Aéroport Marco Polo

> Le bus Bleu de l’ATVO (ligne privée) est direct pour la Piazzale Roma.

Tous les jours, départ toutes les 30 min de 8h à minuit

Trajet • 20 min • 3 € par personne, bagages compris

> Le bus Orange nº 5 de l’ACTV (ligne publique) marque plusieurs arrêts avant son terminus, Piazzale Roma.

Tous les jours, départ toutes les 30 min de 5h à 21h

Trajet • 30-40 min • 1 € par personne + 1 € par gros bagage

Si vous dormez à Mestre, vous pouvez prendre le bus Orange nº 15.

> Le Water Bus est un peu plus cher (13 € par personne), mais il offre une enthousiasmante arrivée dans Venise. Par ailleurs, c’est une formule très pratique si vous logez à San Marco, Castello, au Lido ou à Cannaregio. Les billets s’achètent dans le hall de l’aéroport (zone

Arrivées] au comptoir Alilaguna [paiement en espèces], ou sur l'embarcadère, à gauche en sortant de l'aéroport [itinéraire fléché].
La ligne Rouge relie San Marco via Murano, Lido et Arsenale, puis file jusqu'à Zattere ; la ligne Bleue relie San Marco via Murano, Fondamente Nove et Lido ; la ligne Orange relie Cannaregio et le Grand Canal [arrêt Rialto ou Sant'Angelo] ; la ligne Oro file directement à San Marco. Précisez votre destination en achetant votre billet. Compter un départ toutes les heures, et une bonne heure de trajet.
Important : à l'aéroport, demandez un plan des Water Bus avec la grille des horaires, afin d'organiser votre retour.

> **Le bateau-taxi** est tout simplement hors de prix ! Pour rejoindre le centre de Venise, il vous en coûtera de 80 à 95 €. La station se situe juste à côté du Water Bus.

> **Le taxi** est rapide, mais coûteux : 30 € environ pour 20 min de trajet, identique à celui qu'empruntent les bus. Dépose à la Piazzale Roma.

Aéroport de Trévise
En car, compter 70 min de trajet jusqu'à la Piazzale Roma.
Les billets [5 € environ] s'achètent à l'aéroport.

• POUR LE RETOUR

Pour un retour en bus à Marco Polo ou à l'aéroport de Trévise, rendez-vous à Piazzale Roma. Les tickets s'achètent avant le départ, au comptoir ATVO.
Pour un retour en Water Bus, postez-vous 5 minutes avant l'heure sur le débarcadère desservi par l'une des lignes Rouge, Bleue, Orange ou Oro. Prenez soin de bien vérifier les horaires auparavant.

En car

Eurolines

www.eurolines.fr

Le voyage en car est long et laborieux, mais il reste possible. La compagnie Eurolines relie Venise à une quinzaine de villes françaises : Paris, Angers, Rouen, Caen, Renne Bordeaux, Perpignan, Grenoble...).

Aller-retour Paris-Venise : 130 € • Aller-retour Grenoble-Venise : 90 €

En voiture

Débarquer à Venise en voiture est une expérience infernale. Non seulement la route qui relie le centre historique à la terre ferme bouchonne systématiquement en haute saison, mais vous dépenserez des fortunes en parking – même si certains hôtels offrent un bon de réduction de 10 %.

La solution la moins onéreuse (5 € environ la journée) consiste à se garer à Mestre, au garage situé juste en face de la gare ferroviaire Venezia-Mestre, ce qui est pratique pour rejoindre Venise ensuite en bus ou en train.

Autre bonne stratégie : garer sa voiture à l'aéroport Marco Polo (de 11 à 20 € selon la zone pour 24h). Ensuite, prenez le bus pour la Piazzale Roma.

À condition de réserver bien à l'avance, vous pouvez obtenir une place au garage San Marco (www.garagesanmarco.it, 30 €/24h), à Piazzale Roma. Non loin, le garage du Tronchetto (www.veniceparking.it, de 21 à 30 €/24h) est installé sur une île dévolue au stationnement et reliée par le bus à la Piazzale Roma.

Se déplacer

Si vous êtes allergique à la marche et souffrez du mal de mer, cette ville n'est pas pour vous ! La cité lacustre étant peu étendue, il est possible en effet de tout visiter à pied, ou presque, et par conséquent d'économiser les frais de bateau, assez élevés. Néanmoins, les *vaporetti*, ces gros autobus des mers, permettent de se déplacer d'un point à l'autre sans se fatiguer – et puis, ces embarcations délicieusement lentes sont vraiment magiques…

À pied

On marche énormément à Venise, d'abord parce que certains lieux ne s'atteignent qu'à pied, mais aussi parce que c'est une solution souvent plus rapide que le bateau.
Outre de bonnes chaussures, le premier accessoire indispensable sera donc une carte détaillée de la ville. Sur place, vous pouvez acheter un bon plan dès votre arrivée, celui distribué par l'office de tourisme n'étant pas très précis. Sachez toutefois que même les plans les plus élaborés ont renoncé à reproduire l'intégralité du labyrinthe vénitien, et que toutes les éditions comportent en outre des incohérences et des orthographes différentes, du fait que certaines rues ont repris leur nom en dialecte vénitien et que d'autres sont toujours nommées selon leur appellation italienne.
Dernière précision : depuis l'occupation autrichienne au XIXe siècle, Venise possède un système de numérotation des adresses pour le moins alambiqué, puisque les numéros augmentent non pas au fil de la rue, mais au fil du quartier tout entier ! Autrement dit, les numéros progressent à travers tout le *sestiere*, passant de pâté de maisons en pâté de maisons. Bref, sauf si vous avez un sens de l'orientation hors du commun, la carte ne vous empêchera pas de déboucher au moins une fois dans une impasse ouverte sur… l'eau !

En vaporetto

Les *vaporetti* relient les différents points de la ville et les îles de la lagune. Demandez un plan des lignes aux comptoirs ACTV, sur les embarcadères.

Lignes • La ligne nº 1, très utile, sillonne le Grand Canal. La ligne nº 2, elle aussi très agréable, passe par le Grand Canal avant de faire un grand tour par Dorsoduro, la Giudecca, San Giorgio… Parfait pour une vue d'ensemble.

Sachez par ailleurs que que les lignes 42, 52 et 62 tournent dans le sens des aiguilles d'une montre, tandis que les lignes 41, 51 et 61 tournent dans l'autre sens. La ligne 13 permet d'aller à Sant'Erasmo. Enfin, la ligne LN relie Venise à Burano.

Tarifs • Le ticket à l'unité coûtant 6,50 €, achetez dès votre arrivée une carte de transport illimité ! Le Pass ACTV décline plusieurs tarifs selon la durée d'utilisation : 16 € pour 12h ; 18 € pour 24h ; 23 € pour 36h ; 28 € pour 48h ; 33 € pour 3 jours ; 50 € pour 7 jours.

Par ailleurs, des réductions sont accordées aux moins de 29 ans détenteurs de la Rolling Venice Card (18 € environ pour 3 jours). La Venice Card, elle, comprend l'accès illimité aux transports en plus des entrées dans les musées de la ville et de nombreuses églises, entre autres. Pour le détail de ces deux cartes, voir p. 16-17.

Abonnements • Pour faire une petite économie sur les transports, il est recommandé de se connecter sur www.veniceconnected.com. Ce site permet d'acheter son abonnement à l'avance – idéalement 15 jours avant – à un tarif promotionnel. Sinon, les billets s'achètent aux guichets HelloVenezia, situés aux arrêts importants. Attention, la carte Bleue n'est pas acceptée.

En gondole

Naturellement, les gondoles font partie du paysage ; bien sûr, elles sont un Everest de romantisme... Toutefois, au risque de briser le mythe, précisons que le fameux tour en gondole n'a absolument rien d'une attraction incontournable – surtout si votre budget est restreint. Si chaque Vénitien disposait jadis de son gondolier pour se déplacer en ville, aujourd'hui ce n'est plus un moyen de transport, mais une activité 100 % touristique qui occupe une corporation de 400 gondoliers plutôt fortunés. Les prix, désormais officiels, sont astronomiques : 80 € les 50 minutes en journée, et 100 € les 40 min à partir de 19h !
Si toutefois vous voulez tenter l'expérience, ne montez jamais dans les gondoles situées près de la place Saint-Marc : le tour est sans intérêt. Idem au pont du Rialto, où vous vous retrouverez ballotté sur les flots du Grand Canal. En revanche, le point de départ de San Polo, en face des Frari, permet une balade plus agréable. Dernier point : préférez une promenade à l'heure des brumes matinales, quand le gondolier ne songe pas encore à rentrer au port au plus vite pour enchaîner avec un groupe de Japonais...

En traghetto

Si votre budget risque de prendre l'eau avec la gondole, les *traghetti* sont une alternative économique, amusante et bien pratique. Ces gondoles collectives conduites par deux rameurs vont d'une rive à l'autre du Grand Canal pour seulement 0,50 € par passager ! Elles sont empruntées presque exclusivement par les Vénitiens, qui, en équilibristes confirmés, s'y tiennent debout. Les embarcadères sont indiqués par un élégant panneau vert.

- Giglio-Chiesa della Salute *(tous les jours)*
- San Samuele-Ca' Rezzonico *(du lundi au samedi de 7h30 à 13h)*
- Mocenigo-San Tomà *(tous les jours)*
- Fondamenta del Carbon-San Silvestro
(du lundi au samedi de 7h30 à 13h)
- Campo Santa Sofia-Marché du Rialto Pesceria *(tous les jours)*
- San Marcuola-Fontego dei Turchi
(du lundi au samedi de 7h30 à 13h)
- Gare Santa Lucia-San Simeon Piccolo *(tous les jours)*

En bateau-taxi

Ces bateaux effilés se repèrent de loin. Tout de bois vernis et de chromes rutilants, ils sont pilotés par un conducteur toujours bronzé, portant des Ray-Ban même en hiver et un téléphone cellulaire vissé à l'oreille du matin au soir ! Attention : le moindre petit déplacement revient à 45 € en moyenne.
Environ 14,80 € + 1,80 € la minute supplémentaire + 3 € par valise
Supplément de 5 € par passager au-delà de 2 personnes
Trajet de nuit (de 22h à 6h) : supplément de 8 à 10 €

Venise

Dormir

Se loger à Venise coûte assez cher, parfois même très cher. Si l'on veut (ou si l'on peut), il est d'ailleurs possible de s'offrir la nuit du siècle dans un palais somptueux – avec, à la clé, une addition que vous n'oublierez pas de sitôt ! Mais pas de panique : les bons plans existent.

À condition de s'y prendre à l'avance et de ne pas rêver d'une terrasse sur le Grand Canal, on trouve une foule de *pensioni*, mais aussi des couvents pas si spartiates, des locations avec kitchenette, bien pratiques pour économiser sur les restos, ou encore, pour les plus fauchés, des auberges de jeunesse et des maisons d'accueil.

Tous ces établissements pratiquent des tarifs très raisonnables... à certaines périodes de l'année. La fourchette de prix indiquée pour chaque établissement vous donne une idée des différences parfois abyssales entre la basse saison et la haute saison.

- *Tous les prix indiqués s'entendent par chambre et par nuit, sauf mention contraire.*
- *Chambre double avec salle de bains (SdB) dans la chambre, sauf mention contraire*
- *Chambre simple*
- *Chambre triple*
- *Chambre quadruple*
- *Petit-déjeuner inclus dans le prix de la chambre*
- *Les adresses sont suivies de la station de* vaporetto *la plus proche, indiquée par le sigle* **Vo**.

Les secrets pour loger malin à Venise

Dedans plutôt que dehors • *Si vous ne restez que quelques jours, mieux vaut un hébergement un peu plus cher dans Venise qu'une solution meilleur marché à l'extérieur. Vous perdrez moins de temps dans les transports.*

Petit-déjeuner vénitien • *Quand il n'est pas inclus, le petit-déjeuner est souvent moins coûteux (et parfois bien meilleur) à l'extérieur de l'hôtel. N'oubliez pas que cette cité lacustre est la Mecque des pâtisseries et de l'espresso : chaque quartier possède son institution !*

Réservation • *Il faut impérativement réserver à l'avance. Le plus tôt est le mieux. Les sites des établissements hôteliers disposent pratiquement tous d'un formulaire de réservation en ligne.*

Couvre-feu • *Nombre d'auberges de jeunesse et d'institutions religieuses imposent un couvre-feu, mais que cela ne vous freine pas trop : Venise n'est pas une fêtarde et, après une journée de marche, regagner ses pénates avant 1h n'a souvent rien d'une punition.*

Bonnes saisons • *Le mois d'août offre des tarifs bas, mais tous les commerces en Italie ferment à cette période, la ville étant alors déserte et brûlante. Fin octobre, novembre, décembre (sauf entre Noël et le nouvel an) et janvier sont les périodes les moins chères : pas mal de pluie, du froid, mais Venise sera à vous. Pas mal non plus, l'après-carnaval, c'est-à-dire fin février-début mars. Les mois d'avril, mai, juin, juillet, septembre et octobre correspondent à la haute saison en matière d'hébergement.*

Bas les masques ! • *Fuyez la période du Carnaval si vous ne voulez pas payer votre chambre trois fois son prix.*

Station balnéaire • *Dormir au Lido coûte une fortune en été.*

Location • *Louer un appartement est une très bonne formule dès lors que votre séjour dure plus de 3 jours.*

Auberges de jeunesse, couvents et maisons d'accueil

--- SAN MARCO

Domus Ciliota

Calle delle Muneghe, 2976 • **V° San Samuele ou Sant'Angelo**
Tél. 041 520 48 88 ou 041 520 49 89 • www.ciliota.it
De 70 à 150 € selon la saison •
Fermé de fin décembre à mi-janvier
Air conditionné

Derrière une façade sobre se trouve un ancien monastère reconverti en pensionnat pour étudiants. Il y règne une ambiance de campus international, surtout aux beaux jours, lorsqu'on peut profiter du cloître en fleurs. Une soixantaine de chambres avec salle de bains sont réservées aux visiteurs, et la totalité du bâtiment en juillet-août. Une table, un lit, des murs blancs uniquement égayés d'un crucifix : pour la fantaisie, on repassera, mais tout est nickel. Chaque chambre possède sa clim', son frigo, son téléphone, sa télé satellite. Au final, c'est aussi fonctionnel et agréable qu'à l'hôtel. Accueil aux petits oignons et distribution d'un plan de la ville.

--- DORSODURO

Centro culturale Don Orione Artigianelli

Campo di Sant'Agnese, 909a • **V° Accademia ou Zattere**
Tél. 041 522 40 77 • www.donorione-venezia.it
De 135 à 140 € • De 80 à 84 € • De 170 à 180 €
De 204 à 215 € selon la saison •
Fermé une semaine mi-août et une semaine à Noël

Avec ses 65 chambres, cette institution religieuse est bourrée d'atouts. *Primo*, ses prix ne varient quasiment pas au cours de l'année : un peu chère pour la basse saison, la chambre double devient carrément une aubaine en haute saison, à condition de réserver longtemps à l'avance. *Secundo*, elle jouit d'une situation de rêve :

vous êtes à une enjambée des Zattere, parfait pour la balade mythique au petit matin ! *Tertio*, la splendeur du cadre. Passé l'entrée immaculée, vous vous retrouvez dans un cloître du XVe siècle... On vous laisse découvrir la suite ! Cet ensemble de 10 000 m^2 a été rénové avec sobriété, et c'est plutôt réussi. Les chambres, qui ont toutes une salle de bains, sont spacieuses, fraîches et d'une propreté helvétique. Un excellent point de chute pour les familles. Couvre-feu à 1h, mais silence religieux dès 22h.

Le Romite - Istituto canossiano San Trovaso ♥

*Fondamenta delle Romite, 1323 • **V° Zattere***
Tél. 041 240 97 11 • www.romite1323.com
105 € • 68 € • 137 €
Ventilateur • Wi-Fi payant

Voici le meilleur plan du quartier de Dorsoduro : pas trop cher, confortable, convivial, et l'accueil de la jeune et jolie directrice est adorable. Dans ce couvent entièrement restauré où ne vivent plus que cinq sœurs, les 60 chambres sont majoritairement occupées par des étudiants et des chercheurs de passage. Durant l'année universitaire, l'établissement ne propose que 9 chambres simples, 9 doubles et 1 triple pour les visiteurs, mais, l'été venu, une bonne centaine de lits sont disponibles. Bonne nouvelle : les prix restent identiques toute l'année ! Du coup, ils se révèlent particulièrement compétitifs en haute saison. D'autant que les chambres ont tout pour plaire : spacieuses, hautes de plafond, équipées de grandes armoires, d'un bureau et d'une salle de bains impeccable, elles rivalisent avec bien des hôtels. Celles du rez-de-chaussée donnent sur un ancien cloître. D'autres, à l'étage, disposent d'un balcon. Pas de petit-déjeuner, mais on peut le préparer dans une cuisine mise à disposition. Seul bémol : couvre-feu vers minuit.

Collegio Armeno Moorat Raphael

Fondamenta del Soccorso, 2596 • **Vo San Basilio ou Ca' Rezzonico**

Tél. 041 522 87 70 • *www.collegioarmeno.com*

Dortoir : environ 25 € par personne

De 56 à 100 € selon le confort et la saison

Atmosphère loufoque, orientale, pour tout dire un brin bordélique… Cette institution arménienne, bien connue des *backpackers*, affiche les prix les plus bas de toute la Sérénissime. Mais ce n'est pas la seule bonne surprise : dans le Palais Zenobio, ce joyau du XVIIe siècle, vous irez d'étonnements en émerveillements. Hall majestueux avec ses doubles colonnades, jardin au charme absolu, sans oublier, à l'étage, cette incroyable salle de bal avec des fresques de Tiepolo qu'il faut absolument aller admirer – demandez l'autorisation à la réception. Les logements sont spartiates, mais propres. Des dortoirs, des chambres pour 2 à 6 personnes, avec sanitaires communs, et quelques chambres avec salle de bains privée. Certaines zones sont actuellement en cours de rénovation. Attention : couvre-feu strict à 1h du matin.

--- SAN POLO

Domus Civica

Angle Ramo Cimesin et Calle Sachere, 3082 • **Vo San Tomà**

Tél. 041 72 11 03 ou 041 522 71 39 • *www.domuscivica.com*

32 € par personne (26 € avec la carte Étudiante internationale)

C'est une des solutions d'hébergement estival les moins onéreuses de la ville. À 10 min de la gare Santa Lucia, à quelques enjambées de l'église des Frari, ce foyer étudiant au confort moderne, très propre, met à disposition des voyageurs une centaine de lits durant les vacances universitaires, de juin à septembre, avec WC et douches sur le palier. Pas de petit-déjeuner sur place, mais les cafés sympas ne manquent pas dans la rue. Fermeture des portes de 0h30 à 7h. Le jour du départ, il faut libérer la chambre à 10h au plus tard, mais on peut laisser ses bagages pour la journée.

--- CANNAREGIO

Santa Fosca

Fondamenta Daniel Canal, 2372 • **Vº San Marcuola**
Tél. 041 715 775 (standard de 8h à 12h et de 17h à 20h, jusqu'à minuit en été) • *www.santafosca.com*
Dortoir : 20 € par personne • *50 €*

Cette auberge de jeunesse de 135 places environ occupe un ancien cloître. C'est un bel endroit, avec ses grandes cours et son jardin donnant sur l'église du XIVe siècle. Ambiance cosmopolite et jeune, dans un cadre très propre. L'équipement est réduit au minimum et le petit-déjeuner n'est pas inclus, mais une cuisine est à votre disposition en été.

BON À SAVOIR • Pendant les vacances universitaires, de juillet à début septembre, on vous orientera vers des résidences étudiantes si celle-ci affiche complet.

--- CASTELLO

Foresteria Valdese

Palazzo Cavagnis • *Calle Lunga Santa Maria Formosa, 5170*
Vº Ospedale
Tél. 041 528 67 97 • *www.foresteriavenezia.it*
Dortoir (6 ou 8 lits) : de 24 à 28 € par personne
De 80 à 96 € • *De 93 à 111 €*

Cette maison d'accueil de l'Église vaudoise et méthodiste d'Italie occupe un grand et beau palais du XVIIe siècle. C'est un peu déglingué par endroits, en rénovation permanente – les travaux ont débuté il y a plus de quinze ans ! –, mais cela fait partie du charme. La grande salle du deuxième étage a vraiment de la gueule. Une vingtaine de chambres, pour un panel varié de tailles et de confort. On regrette que les prix aient augmenté en 2010, mais ils restent raisonnables et dégressifs dès la deuxième nuit.

--- GIUDECCA

Ostello Venezia ♥

Fondamenta delle Zitelle, 86, Giudecca • **V° Zitelle**

Tél. 041 523 82 11 • *www.hostelvenice.org*

Dortoir : de 20 à 22 € par personne (+ abonnement : 18 €) •

Fermé fin décembre

Si vous êtes jeune et que votre budget est ric-rac, voici un bon spot pour dormir à Venise. On aime bien l'atmosphère cosmopolite qui règne dans ce bâtiment de brique aux allures d'immense loft. Installée dans un ancien entrepôt à grains, cette auberge de jeunesse offre un confort spartiate, mais elle brille par son organisation, sa propreté et la qualité de son accueil. Elle peut accueillir 260 pensionnaires. Lits superposés peints en rouge répartis dans des dortoirs de 10 à 16 personnes et casiers métalliques fermés pour ranger ses petites affaires, une zone pour les filles, une autre pour les garçons – si vous êtes un groupe mixte, vous pouvez toutefois réserver un étage –, un coin restauration avec des prix défiant toute concurrence (6 € la pizza, 10 € le repas), bons plans pour profiter de la ville, accès Internet… Bref, une adresse commode pour une échappée belle entre copains. Et puis, même si ce n'est pas le grand luxe, les quais de la Giudecca au soleil couchant restent tout de même la plus belle terrasse dont on puisse rêver…

Hôtels

--- SAN MARCO

Hotel Ai Do Mori

Calle Larga, 658 • ***Vº San Marco-San Zaccaria***
Tél. 041 520 48 17 • *www.hotelaidomori.com*
De 80 à 140 € selon la saison
Air conditionné • *TV*

C'est un immeuble à la façade jaune situé dans une rue commerçante particulièrement passante dans la journée. L'avantage ? Vous ne pouvez pas être plus proche de la place Saint-Marc ! Chacune des 11 petites chambres a sa propre touche déco – parfois un peu ringarde –, et l'ensemble est confortable et propre.

BON À PLAN • Réservez plusieurs mois à l'avance pour obtenir la chambre de rêve, celle du troisième étage, avec sa microterrasse offrant une vue époustouflante sur les dômes de la basilique Saint-Marc.

Hotel Orion

Calle Spadaria, 700a • ***Vº San Marco-San Zaccaria***
Tél. 041 522 30 53 • *www.hotelorion.it*
De 75 à 175 € selon la saison •
Air conditionné • *Wi-Fi payant*

Dans une rue assez encombrée, voici un hôtel simple, accueillant et bien pratique, puisque vous êtes ici à moins de 30 secondes à pied de la place Saint-Marc. Les chambres sont sans grand charme, franchement petites pour certaines, avec des murs blancs et des couvre-lits un peu tristes, mais, si vous réservez au dernier étage, vous pourrez bénéficier de la vue. La salle du petit-déjeuner, avec ses faux airs de bistrot, est amusante.

Locanda Orseolo

Corte Zorzi, 1083 • Vo San Marco Vallaresso
Tél. 041 520 48 27 • www.locandaorseolo.com
De 100 à 300 € selon la saison •
Air conditionné • Wi-Fi

Une pépite accessible en basse saison, mais chère le reste du temps. Son délicieux défaut ? Être quasi introuvable ! Heureusement, un itinéraire détaillé est fourni au moment de la réservation. Arrivée possible en bateau par une porte qui donne directement sur l'eau, lits à baldaquin, fresques murales, lustres de Murano, murs pourpres dans l'entrée qui vous entraînent dans une ambiance dédiée au Carnaval et à la *commedia dell'arte*, cette maison de charme de 12 chambres, restaurée en 2003, était jadis un hôpital édifié par l'une des grandes familles de la cité, les Orseolo, dont l'emblème – deux ours – figure encore sur les fenêtres. À signaler : le petit-déjeuner pantagruélique et étonnant de qualité.

Locanda Barbarigo

Fondamenta Barbarigo, 2503a • Vo Santa Maria del Giglio
Tél. 041 241 36 39 • www.locandabarbarigo.com
De 75 à 180 € selon la saison •
Air conditionné • Wi-Fi

Au bord de l'eau, à deux pas du Grand Canal, les gondoliers passent sous les fenêtres. Le coin est croquignolet. D'ailleurs, c'est au bord de ce petit *rio* que Woody Allen a tourné une scène de *Tout le monde dit I love you*... Derrière la porte presque anonyme se cache un palais restauré dans le style vénitien qui propose des chambres élégantes et spacieuses. Excellent rapport qualité/prix en basse saison, tarifs raisonnables en haute saison.

Hotel Albergo San Samuele

Salizada San Samuele, 3358 • Vº San Samuele ou Sant'Angelo
Tél. 041 520 51 65 • www.albergosansamuele.it
De 60 à 130 € • De 50 à 100 € avec SdB dans le couloir
Ventilateur • Wi-Fi
Dans l'un des coins les plus sympas de San Marco, à deux pas du Palazzo Grassi, l'accès se fait par une jolie courette, puis l'on grimpe au deuxième étage pour découvrir une entrée tapissée de damassé marron et décorée d'un vieux canapé vert olive, pour une ambiance bohème et familiale. Accueil délicieux de la souriante Judith, une Française installée ici depuis treize ans qui dirige aussi la Locanda Art Déco (voir ci-dessous). Côté chambres, tête de lit en *stucco* rose, tentures colorées et grandes fenêtres. Ce n'est pas Byzance, mais on s'y sent bien. Cinq des 15 chambres ont été rénovées tout récemment. Avis aux amateurs : la pension peut vous organiser un tour en gondole en compagnie de la désormais célèbre Alexandra Hai, première femme gondolière de l'histoire de la Sérénissime. Votre embarcation ne passera pas inaperçue !

Locanda Art Déco ❤

Calle del Botteghe, 2966 • Vº San Samuele ou Sant'Angelo
Tél. 041 277 05 58 • www.locandaartdeco.com
De 80 à 190 € selon la taille et la saison •
Six chambres de charme, dont deux petites suites, avec pavement *alla veneziana* et poutres apparentes : la déco est soignée, même si le côté Art Déco ne saute vraiment pas aux yeux. Par ailleurs, plein de petites attentions : un ordinateur dont l'écran est encadré comme une œuvre d'art dans chaque chambre, des DVD de films tournés à Venise, une belle bibliothèque et un petit-déjeuner avec véritable *espresso*.
BON PLAN • À quelques pas de là, l'hôtel dispose d'une annexe dans un petit palais. À l'intérieur, des minilofts rénovés avec beaucoup de goût – mobilier italien, murs blancs, rideaux de couleur – et équipés d'une cuisine.
De 70 € par jour en basse saison à 250 € en haute saison

Locanda Antico Fiore

Corte Lucatello, 3486 • Vº San Samuele ou Sant'Angelo
Tél. 041 522 79 41 • www.anticofiore.com
De 100 à 150 € •
Air conditionné • Wi-Fi

À deux pas du Campo Santo Stefano, dans une cour silencieuse, cet hôtel offre des chambres au confort douillet et à l'ambiance un peu kitsch, qui joue à fond sur la carte du style vénitien. Amateurs de design épuré, passez votre chemin...

--- DORSODURO

Hotel Agli Alboretti

Rio Terà Foscarini, 884 • Vº Accademia
Tél. 041 523 00 58 • www.aglialboretti.com
De 160 à 210 € selon la saison •

Idéalement situé à 100 m de l'Accademia et à 400 m des Zattere, cette auberge de 23 chambres rappelle l'intérieur d'un navire, avec son entrée tout en bois et ses maquettes de vieux gréements. Le capitaine vous réserve un accueil chaleureux, même si les prix, très élevés pour la basse saison, vous donneront un peu le mal de mer. Les chambres sont confortables, de taille correcte, parfois un peu basses de plafond. Certaines peuvent accueillir des familles (de 3 à 5 personnes). Demandez les nos 105 et 305, qui possèdent une petite terrasse. Sauf par gros temps, profitez du pont supérieur – la terrasse du quatrième étage – et de sa vue imprenable sur les toits de la Sérénissime.

Hotel Galleria

Campo della Carità, 878a • Vº Accademia
Tél. 041 523 24 89 • www.hotelgalleria.it
De 120 à 165 €

Au pied du pont de l'Accademia, cette vieille maison décorée dans les tons rouges est devenue une institution au fil des ans. Dix chambres pas très spacieuses, mais douillettes et meublées dans le style XVIIIe siècle. Réservez très longtemps à l'avance celles qui donnent sur le Grand Canal, avec vue sur le Palazzo Barbaro, où Henry James avait ses habitudes. Le personnel est adorable, à l'image des deux boss, Stefano et Luciano.

Hotel alla Salute ♥

Fondamenta Ca' Balà, 222 • **Vº Salute**
Tél. 041 523 54 04 • *www.hotelsalute.com*
De 70 à 180 € • De 60 à 160 € avec SdB dans le couloir •
Accosté à un adorable *rio*, ce palais possède 56 chambres, toutes peintes en jaune paille ou en bleu ciel selon de multiples combinaisons. La nº 18 peut accueillir jusqu'à 5 personnes ; les nºs 14 et 15, avec salle de bains, disposent d'un petit balcon ; la douche de la nº 55 se trouve juste à côté du lit et les toilettes sont sur le palier, mais ses larges baies vitrées sont ouvertes sur la ville ; la nº 52, avec salle de bains, bénéficie d'une vue sur la coupole de la Salute. Ni télé ni de téléphone, et seules 5 chambres disposent de l'air conditionné – ventilateur pour les autres. L'ensemble a des airs de vieux palace un peu décrépi, mais reste propre et confortable. Au final, excellent rapport qualité/emplacement/prix, et l'on aime beaucoup cette atmosphère familiale. Autre atout : le jardin sous pergola pour le petit-déjeuner, un autre pour boire un verre le soir, et une terrasse suspendue pour regarder les étoiles...

Hotel Messner

Fondamenta Ca' Balà, 216 • **Vº Salute**
Tél. 041 522 74 43 • *www.hotelmessner.it*
De 90 à 145 € selon la saison
Air conditionné • *Wi-Fi*
Ce palais de brique rouge accueille des visiteurs depuis cinquante ans. Une kyrielle de chambres joliment décorées, propres, fonctionnelles et de toutes tailles – triples et quadruples, notamment –, avec vue sur le petit canal ou sur le jardin. Deux annexes, dont une avec des chambres plus spacieuses. Vu sa capacité, l'établissement reçoit fréquemment des groupes. Accueil un brin blasé.

Pensione Seguso

Fondamenta delle Zattere, 779 • V° Zattere

Tél. 041 528 68 58 • www.pensioneseguso.com

De 90 à 190 € • De 80 à 180 € avec SdB dans le couloir •

Vous aimez les hôtels qui ont de la patine ? C'est ici qu'il faut réserver ! Dans cette pension tout droit sortie d'un livre de Marcel Proust, tout est suranné, nostalgique, jusqu'au garçon d'étage sanglé dans sa livrée rouge. Lits jumeaux finement décorés, armoires de grand-mère et bureaux en bois précieux, le mobilier date de l'ouverture de l'établissement, en 1920. Ni air conditionné ni télé, ni Wi-Fi évidemment ! La grande majorité des 36 chambres dispose d'une vue sur le canal de la Giudecca. Demandez celles du quatrième étage : le panorama est à couper le souffle. Prix intéressants en basse saison.

Pensione La Calcina ♥

Fondamenta delle Zattere, 780 • V° Zattere

Tél. 041 520 64 66 • www.lacalcina.com

De 110 à 310 € selon le confort et la saison •

Air conditionné • Wi-Fi

Cette maison du XIXe siècle a une âme, une histoire, un charme fou. Sans parler de la vue, sans doute la plus poétique de Venise, et source d'inspiration puisque c'est ici que le critique d'art et écrivain anglais John Ruskin écrivit *Les Pierres de Venise* en 1876. C'est aussi dans la chambre n° 32 que, depuis des années, l'écrivain Philippe Sollers a ses habitudes. Il y travailla sur de nombreux ouvrages, et en particulier son génialissime *Dictionnaire amoureux de Venise* (voir p. 183). Les 20 chambres doubles et les 7 simples, toutes avec salle de bains, sont meublées avec goût. Dans les couloirs, des portraits à l'huile ou au pastel ajoutent une touche de séduction à l'ensemble. Mais ce qu'on aime le plus, c'est l'accueil tout en douceur et l'atmosphère paisible. L'équipe d'Alessandro et Debora est aux petits oignons avec ses hôtes. La pension tient aussi un restaurant, avec terrasse sur pilotis. À noter : de confortables suites et des appartements avec cuisine sont à louer dans une annexe – sans la vue (à partir de 140 € la nuit en basse saison).

Fujiyama B&B

Calle Lunga San Barnabà, 2727a • **V° Ca' Rezzonico**
Tél. 041 724 10 42 • *www.bedandbreakfast-fujiyama.it*
De 70 à 150 € selon la saison •
Air conditionné

Au-dessus du salon de thé au style japonisant, quatre chambres simples avec salle de bains nommées Tokyo, Paris, Harbin et Shanghai. Impeccables et bien équipées, elles contiennent quelques meubles rapportés d'Orient. Carlo, le proprio polyglotte, est une sorte de Marco Polo qui a passé des années à rouler sa bosse en Asie. On aime bien cette adresse zen qui tranche avec la sempiternelle déco à la vénitienne, sans pour autant perdre une miette d'authenticité. Il y a aussi la douceur de l'accueil, le thé vert japonais pris dans l'arrière-cour, une oasis de fraîcheur en été. En basse saison, les prix indiqués chutent encore de 10 à 20 % si l'on reste plus de trois nuits.

Ca' San Trovaso

Fondamenta delle Eremite, 1351 • **V° Zattere**
Tél. 041 277 11 46 • *www.casantrovaso.com*
De 80 à 140 € selon la saison •

Au bord d'un canal, dans l'un des coins les plus ravissants de Dorsoduro, une maison de poupée de deux étages avec seulement 6 chambres. Au mur, la classique tapisserie vénitienne – en jaune, rose ou vert, selon les chambres – apporte sa touche d'élégance. L'accueil est charmant, le petit-déjeuner est servi dans la chambre et l'adresse résiste à la tendance inflationniste du quartier. Seul petit bémol : la chambre triple du rez-de-chaussée est un peu sombre.

B&B Casa di Sara

Fondamenta delle Romite, 1330 • V° Zattere
Tél. 339 828 49 30 (portable) • www.casadisara.com
De 80 à 130 € selon la saison •

Adresse récente, avec seulement deux chambres. Tout simple, ce bed & breakfast ne manque pas de classe. Un jardin agréable, de belles salles de bains, des meubles élégants et même une petite cuisine. Le tout à des prix corrects. On réserve !

Antica Locanda Montin

Fondamenta di Borgo, 1147 • V° Zattere
Tél. 041 522 71 51 • www.locandamontin.com
De 90 à 160 € selon la saison •

Modigliani, Ezra Pound, Jimmy Carter, Robert De Niro, Yoko Ono, Mick Jagger... On ne compte plus les célébrités venues casser la croûte dans cette auberge fondée vers 1800, au point qu'aujourd'hui l'institution vit un peu sur sa réputation. Les tables sous la pergola sont agréables, mais la nourriture est quelconque, et les groupes de touristes tuent l'atmosphère. Au-dessus du restaurant, la maison propose 12 chambres spacieuses et joliment aménagées. Elles offrent une belle vue sur un canal ou sur un jardin. Si l'on excepte l'accueil – pour le moins inexistant – et si l'on ne se sent pas obligé d'y dîner, voilà finalement un point de chute fort agréable.

--- SAN POLO

Ca' Arco Antico

Calle del Forno, 1451 • V° Rialto
Tél. 041 241 12 27 • www.arcoanticovenice.com
De 60 à 180 € selon la saison •
Air conditionné • Wi-Fi

Ce bed & breakfast familial situé à l'étage noble d'un petit palais s'ouvre sur une belle cour avec sa citerne traditionnelle. Les 8 chambres disposent toutes d'une salle de bains. Accueil attentionné et emplacement parfait : le Grand Canal est à 50 mètres.

La Villeggiatura ♥

Calle dei Botteri, 1569 • V° Rialto

Tél. 041 524 46 73 • www.lavilleggiatura.it

De 110 à 180 € selon la saison •

Un vrai nid d'amour que cette villégiature très soignée ! Plafonds boisés, dallage traditionnel et mobilier d'époque, les 6 chambres à la déco cosy sont cachées dans une maison ancienne située dans une rue commerçante autour du marché. Le quartier est très animé, un peu bruyant le soir, mais encore divinement populaire, et idéalement situé pour assister à l'arrivée matinale des bateaux chargés de marchandises sur le Grand Canal. Petit-déjeuner servi dans les chambres.

Pensione Guerrato

Calle Drio La Scimia, 240a • V° Rialto

Tél. 041 528 59 27 • www.pensioneguerrato.it

De 90 à 140 € • De 70 à 95 € avec SdB dans le couloir •

L'adresse reste largement recommandable, mais parfois un peu bruyante malgré le double vitrage. Eh oui ! Vous êtes ici au cœur du marché du Rialto. Vous vous sentirez comme chez vous, tant l'accueil est attentionné. Les murs ont gardé un peu de la majesté de cet ancien couvent où seraient descendus des chevaliers en route pour les croisades. La pension peut aussi vous proposer un petit appartement avec cuisine à des tarifs raisonnables.

Hotel Alex

Rio Terrà Frari, 2606 • V° San Tomà

Tél. 041 523 134 • www.hotelalexinvenice.com

De 64 à 112 € • De 40 à 84 € avec SdB dans le couloir •

Dirigé par la même famille depuis plus de trente ans, l'Alex occupe une position stratégique pour visiter Venise sans perdre de temps. Au programme : des chambres sans grande classe, mais très correctes et entretenues avec soin. Vu les prix pratiqués, on applaudit !

Oltre il Giardino ♥

Fondamenta Contarini, 2542 • ***V° San Tomà***

Tél. 041 275 00 15 • *www.oltreilgiardino-venezia.com*

De 150 à 350 € selon la saison •

Si le bonheur a une adresse, c'est peut-être ici. Une maison idéale pour une escapade amoureuse d'exception. Située près des Frari, l'un des coins les plus hospitaliers de San Polo, l'ancienne demeure d'Alma Mahler, femme de Gustave, le compositeur, affiche des tarifs plutôt élevés, mais l'ensemble se distingue nettement des autres hébergements, à tous points de vue. Les 6 chambres sont aménagées avec une décoration différente, à partir de beaux meubles et tableaux. Le clou de l'hôtel reste ce jardin parfumé où l'on se sent si bien. Une rareté à Venise.

--- SANTA CROCE

Hotel Locanda Salieri

Fondamenta Minotto, 160 • ***V° Piazzale Roma***

Tél. 041 710 035 • *www.locandasalieri.com*

De 50 à 150 € •

Air conditionné • *Wi-Fi*

Ce petit hôtel familial est situé à 3 min à pied de la gare routière Piazzale Roma et à 5 min de la gare ferroviaire Santa Lucia. Très pratique, donc, si vous avez l'intention de vous déplacer en Vénétie en voiture ou en train. Les 10 chambres donnent sur le joli canal del Gaffaro, sur l'église des Tolentini ou sur les toits de Venise. Blanches, basiques, elles disposent toutes d'une salle de bains.

Hotel Falier

Salizada San Pantalon, 130 • ***V° Piazzale Roma***

Tél. 041 710 882 • *www.hotelfalier.com*

De 80 à 190 € selon la saison •

Air conditionné

Le Falier est vraiment trop cher en haute saison, mais les tarifs des basse et moyenne saisons correspondent mieux aux prestations offertes. Décorées en jaune et pêche, les 19 chambres avec salle de bains sont petites, mais douillettes, avec une literie de bonne qualité. Lors de la réservation, il est conseillé de demander une chambre dans les étages supérieurs, plus lumineux, et, si possible, la chambre sous les toits, dotée d'une terrasse. Avec son décor suranné, le hall de réception et la salle de petit-déjeuner ne manquent pas de cachet. Dès que le ciel est bleu, on profite du jardin.

Albergo Casa Peron

Salizzada San Pantalon, 84 • ***V° Piazzale Roma ou San Tomà***

Tél. 041 710 021 • *www.casaperon.com*

De 50 à 85 € (douche) • *De 60 à 100 € (douche et WC)* •

Cette auberge sans prétention offre des prestations très honorables au regard des prix pratiqués. Sept chambres avec douche et toilettes, quatre autres avec douche, mais toilettes à l'extérieur. En été, demandez de préférence celles équipées de la clim'. Accueil cordial de la famille de propriétaires – et de Pierino, le perroquet.

--- CANNAREGIO

Hotel Rossi

*Lista di Spagna, 262 • V° **Ferrovia***

Tél. 041 715 164 • www.hotelrossi.ve.it

De 80 à 95 € •

Air conditionné • Wi-Fi payant

Sur la Lista di Spagna, un portique gothique débouche sur une impasse. Cette maison tranquille se trouve tout au bout, à l'écart de l'agitation. Pas le grand standing, mais un excellent rapport qualité/prix. Les 14 chambres climatisées, dont 10 avec salle de bains, font dans la sobriété : murs blancs et mobilier fonctionnel. Tout est bien entretenu. Bon accueil en français.

Ca' Dogaressa

*Fondamenta di Cannaregio, 1018 • V° **Guglie***

Tél. 041 275 94 41 • www.cadogaressa.com

De 85 à 200 € selon la saison •

Air conditionné • TV • Wi-Fi

Il est rare de trouver un bon hôtel dans ce coin pittoresque de la ville. Située à deux pas du vieux Ghetto, entre le pont des Trois Arches et le pont des Guglie, la Ca' Dogaressa permet une plongée dans une Venise pleine de vie et de charme. Personnel plein de petites attentions et chambres dans le style vénitien, avec grand lit et salle de bains. C'est une adresse où les habitués reviennent année après année. Pensez à réserver bien à l'avance.

Alloggi Gerotto Calderan

*Campo San Geremia, 283 • V° **Ferrovia***

Tél. 041 715 361 • www.casagerottocalderan.com

Dortoir : de 21 à 25 € par personne

De 50 à 100 € • De 75 à 105 €

Wi-Fi payant

Un établissement idéal pour les bourses restreintes. Trente chambres réparties sur 4 étages, du dortoir de 6 personnes à la double, en passant par des triples et des quadruples. Certaines ont leur salle de bains, d'autres disposent de sanitaires très propres sur le palier. Déco basique, avec quelques ornements floraux çà et là. On vous conseille la chambre 211, une double avec minibalcon. À noter : couvre-feu à 1h et fermeture annuelle à la période de Noël.

Hotel Geremia

Campo San Geremia • **Vº Ferrovia**
Tél. 041 716 245
De 65 à 95 € •
Air conditionné

Dans cet hôtel simple dont les étages passent du vert vif au bleu indigo, puis au jaune poussin, vous en verrez de toutes les couleurs. Un peu fatigant pour les pupilles, mais, si vous avez la chance d'obtenir une chambre au dernier étage (nº 419 ou 420), vous ne regretterez pas cette infernale polychromie. Ces deux chambres sous les toits disposent d'un balcon qui surplombe la place et l'église. En tout, 20 chambres très correctes, mais avec des salles de bains riquiqui. Le patron est une bonne fourchette, presque un Bottin gourmand à lui tout seul. Il vous refilera ses meilleures adresses en fonction de votre budget. L'été, petit-déjeuner servi sur la place.

Villa Rosa

Calle della Misericordia, 389 • **Vº Ferrovia**
Tél. 041 716 569 • *www.villarosahotel.com*
De 80 à 120 € selon la saison •

Le hall de la réception et le salon du petit-déjeuner viennent d'être repeints, dans une belle couleur crème. La trentaine de chambres devrait subir le même sort et recevoir des nouvelles portes, plus isolantes. Celles du rez-de-chaussée sont un peu tristes, mais plus on monte, mieux c'est. On aime bien la 29, décorée d'un tissu vert vénitien et bénéficiant d'un balcon. Copieux petit-déjeuner buffet et jardin pour boire l'apéro à la fraîche. Quant à Paolo, le truculent patron, il adore plaisanter en français, notamment quand il s'agit de parler football... Au total, une demeure conviviale animée d'une véritable envie de fidéliser la clientèle.

Hotel Bernardi

Calle dell'Oca, 4366 • **V° Ca' d'Oro**
Tél. 041 522 72 57 • *www.hotelbernardi.com*
De 70 à 90 € •
Air conditionné • *Wi-Fi*

Cet hôtel dissimulé dans une ruelle populaire – pas mal de petits restos sympas dans le coin – a tout pour plaire, à commencer par son accueil attentionné et ses prix doux. La trentaine de chambres est répartie en deux bâtiments. Celles de la maison-mère sont un peu plus petites, mais ne manquent pas de charme avec leurs poutres apparentes. Dans l'annexe, dans une belle maison à moins de 100 m, l'installation est exceptionnelle pour le prix : lits à baldaquin pour certaines, mobilier coquet, et pas mal d'espace. Le petit-déjeuner, un peu léger, se prend dans une salle minuscule où l'on étouffe vite, mais, heureusement, sous la grande photo de la jolie Sarah, l'une des filles de la maison, élue Miss Carnaval de Venise en 2007.

Hotel Abbazia

Calle Priuli dei Cavalletti, 68 • **V° Ferrovia**
Tél. 041 71 73 33 • *www.abbaziahotel.com*
De 200 à 250 € •

À adresse exceptionnelle, budget plus important. Ici, le décor est à la hauteur : avec ses 50 chambres luxueuses, l'Abbazia occupe une immense abbaye, dont une partie est d'ailleurs encore habitée par des moines. Le bar se trouve dans l'ancienne salle de prière, avec, au centre, la chaire du prêcheur. Un adorable jardin permet de prendre le petit-déjeuner à l'extérieur. Personnel professionnel, mais pas guindé.

--- CASTELLO

La Residenza ❤

Campo Bandiera e Moro, 3608

Vº San Marco-San Zaccaria ou Arsenale

Tél. 041 528 53 15 • www.venicelaresidenza.com

De 80 à 180 € selon la saison •

Air conditionné • TV • Wi-Fi

Non, vous ne rêvez pas ! Cette grande façade gothique du XVe siècle qui domine le *campo* abrite bel et bien un petit hôtel de 14 chambres avec salle de bains (11 doubles et 3 simples). Une vraie adresse de charme à prix doux. Et vous n'êtes pas au bout de vos surprises : murs en stuc du XVIIIe, tableaux de maîtres italiens, lustres vénitiens format XXL et pavement à la vénitienne, la grande salle de l'ancien Palazzo Gritti-Badoer, où l'on prend son petit-déjeuner, vous en mettra plein la vue. Les chambres sont plus simples, mais décorées avec goût : meubles aux motifs floraux, petites appliques *made in* Murano... Privilégiez celles donnant directement sur le *campo* ou, à l'arrière, la chambre nº 227, surnommée "la chambre du Comte anglais" car un noble sujet de Sa Majesté y a ses habitudes depuis quarante ans ! On le comprend : le mobilier y est somptueux. Voilà une demeure dotée d'une belle âme, à quelques pas de la place Saint-Marc. En prime, accueil convivial et tout en distinction.

Casa Querini

Campo San Giovanni Novo, 4388 • **Vº San Marco-San Zaccaria**

Tél. 041 241 12 94 • www.locandaquerini.com

De 90 à 160 € selon la saison •

Air conditionné • TV • Wi-Fi

Dans cet ancien palais donnant sur une placette adorable, 6 chambres confortables. Les nos 12 et 18 possèdent une belle vue sur l'église. Dès qu'il fait beau, le petit-déjeuner est servi à l'extérieur, sur le *campo*. Il n'y a pas mieux pour démarrer la journée ! Accueil souriant. Position très centrale.

La Locandiera

Campo San Giovanni Novo, 4432 • V° San Marco-San Zaccaria
Tél. 041 241 06 64 • www.lalocandiera-ve.com
De 70 à 150 € selon la saison •
Air conditionné • Wi-Fi payant

Sur la même petite place que la Casa Querini, cette pension rénovée en 2004 propose des chambres de toutes tailles, doubles, triples ou quadruples. Pas de folie côté déco, mais l'accueil est attentif : on vous donnera les meilleurs conseils pour visiter la ville. L'endroit est très calme.

Hotel Al Piave

Ruga Giuffa, 4838 • V° San Marco-San Zaccaria
Tél. 041 528 51 74 • www.hotelalpiave.com
De 100 à 230 € selon la saison •
Air conditionné • TV • Wi-Fi

Dans cette pension tenue par une famille, les offres d'hébergement, réparties sur trois étages, sont de dimensions variables, de la double de base franchement riquiqui (11 m^2) à la suite pour toute une famille, en passant par des studios et des appartements avec cuisine. Les chambres sont toutes bien équipées, certaines disposent même d'un balconnet, mais d'autres, donnant sur la rue, sont un peu bruyantes, et la déco fait dans le kitsch vénitien. À la réception, Mirella et Paolo, qui parlent français, vous donneront leurs bonnes adresses. Buffet copieux pour le petit-déjeuner, que l'on prend dans la cour aux beaux jours. Réservez bien à l'avance.

Best Western Sant'Elena ♥

Calle Buccari, 10 • V° Sant'Elena
Tél. 041 271 78 11 • www.bestwesternpremier.fr
De 80 à 195 € selon la saison •
Air conditionné • TV • Wi-Fi

Un merveilleux refuge ! Un peu excentré, mais très bien raccordé par le *vaporetto*, cet ancien monastère transformé en quatre étoiles par la chaîne Best Western est l'une de nos adresses favorites. Ses atouts ? Il permet de dormir au cœur d'une Venise encore largement habitée, calme et aérée. Le quartier a vraiment quelque chose de surprenant, une âme maritime presque mélancolique. En haute saison, les prix correspondent à la catégorie supérieure de l'hôtel, mais, à condition de réserver longtemps à l'avance, on peut obtenir des tarifs très intéressants toute l'année. Spacieuses, confortables, élégantes et calmes, les chambres viennent d'être refaites à neuf. Le jardin central est en outre un havre de paix où il fait bon se prélasser. Accueil professionnel, sans être compassé. Mention spéciale pour le petit-déjeuner pantagruélique. Également, un bar et un restaurant de bonne qualité : goûtez le tiramisu, l'un des meilleurs de la ville.

Locanda Sant'Anna

*Corte del Bianco, 269 • **V° San Pietro***

Tél. 041 528 64 66 • www.locandasantanna.com

De 60 à 120 € •

Air conditionné • Wi-Fi

À l'écart de la foule, sur une petite place pittoresque, une oasis de sérénité face à San Pietro di Castello. La famille Vianello vous réserve un accueil attentionné, notamment si vous venez avec des enfants. À l'intérieur, l'ancien palais distribue ses chambres lumineuses, joliment meublées. Une grande salle de lecture, une terrasse-solarium avec vue sur les toits. Bref, la *dolce vita* à prix doux.

Alloggi Barbaria

*Calle del Cappuccine, 6573 • **V° Ospedale***

Tél. 041 522 27 50 • www.alloggibarbaria.it

De 60 à 120 € selon la saison •

Dans une venelle du nord du Castello, la petite porte s'ouvre sur une demeure modeste avec 6 chambres équipées de salle de bains. Rien de fulgurant : murs blancs, mobilier style RDA et sol carrelé, mais c'est propre et lumineux, et l'accueil amical de Giorgio et Fausto comble le vide de la déco. Le petit-déjeuner est servi sur le balcon. Au total, un excellent rapport qualité/prix.

Locanda Ca' del Console

Calle Trevisana, 6217 • **Vo Rialto**

Tél. 041 523 31 64 • *www.locandacadelconsole.com*

De 120 à 160 € selon la saison •

Air conditionné • *Wi-Fi*

Surprenante, cette ex-maison du consul d'Autriche dont on ne peut soupçonner l'existence de l'extérieur ! Stucs, fresques et mobilier d'époque ornent les parties communes et les chambres. Tout est parfait. Demandez une chambre donnant sur le canal. Accueil remarquable.

• À l'extérieur de Venise

--- LIDO

Les hôtels n'y sont pas beaucoup moins chers qu'à Venise ; les prix explosent même en juillet et août, et deviennent fous pendant la Mostra del Cinema, début septembre. En été, l'île du Lido se change en station balnéaire, avec ses kilomètres de plages privées, donc payantes. Bref, sauf pour les mordus de bronzette, cela ne vaut pas vraiment le coup d'y faire de vieux os.

En dehors de cette période, les familles avec enfants apprécieront la proximité de la mer, la possibilité de louer des vélos pour se balader et les nombreux jardins dont jouissent souvent les hôtels. Hors saison, tout est plus calme, voire franchement mort en hiver.

Dernier point : à 10-15 minutes de *vaporetto* de la place Saint-Marc, le Lido reste aussi un bon point de chute pour ceux qui viennent en voiture. En effet, en dormant dans un hôtel avec parking, vous économiserez le prix du stationnement à Piazzale Roma ou à Tronchetto.

Villa Casanova

Via Orso Partecipazio, 9 • V° Lido

Tél. 041 526 28 57 • www.casanovavenice.com

De 40 à 220 € selon la saison •

Air conditionné • Wi-Fi

À seulement 200 mètres de l'embarcadère des bateaux pour Venise, cet hôtel avec jardin revendique sa "bio-attitude". La rénovation de cette belle maison rose a été réalisée entièrement avec des matériaux sains : liège pour isoler le toit, chaux éteinte sur les murs, etc. Chaque chambre est aménagée selon les principes du Feng Shui. Afin de préserver l'eau, des réducteurs de pression ont été installés sur les douches. Le petit-déjeuner bio est généreux, et même l'accueil est plein de naturel. Cette adresse recommandée aux familles propose des tarifs vraiment intéressants en basse saison.

Villa delle Palme

Via Enrico Dandolo, 12 • V° Lido

Tél. 041 526 13 12 • www.hotelvilladellepalme.com

De 60 à 190 € selon la saison •

Air conditionné • Wi-Fi payant • Parking

L'une des meilleures adresses du Lido, à 200 mètres de l'embarcadère et à 5 minutes de marche des plages. Cette grande demeure blanche à l'architecture tarabiscotée respire la bonne humeur et la tranquillité. Une réception de grande classe, un escalier majestueux, une salle du petit-déjeuner bleu pâle pour un réveil zen, un jardin luxuriant. Tapissées d'un beau tissu vénitien vert amande, les chambres sont coquettes, et trois d'entre elles disposent d'une terrasse privée. Seul défaut : les chambres en contrebas sont vraiment sombres. Si vous n'avez pas de terrasse, rendez-vous à l'heure où le soleil se couche au sommet du belvédère surplombant la maison : panorama sur le Lido et la lagune à couper le souffle.

Hotel Villa Stella

Via Sandro Gallo, 111 • V° Lido
Tél. 041 526 07 45 • www.villastella.com
De 80 à 150 € selon la saison •
Air conditionné • Parking

Cet établissement est géré par la même famille depuis 1940 ! Une atmosphère tranquille, un peu ronronnante, mais reposante. On se sent comme à la maison. Petit-déjeuner copieux et joli jardin fleuri.

--- MESTRE

Difficile de dire que l'on a un coup de cœur pour Mestre. Même si le centre-ville est loin d'être hideux, la terre ferme possède peu d'intérêt. Les hôtels de bonne qualité ne sont pas nombreux, mais un chouïa moins chers qu'au cœur de la Sérénissime. Pour rejoindre Venise en bus ou en train, compter moins de 15 min.

Hotel Al Vivit

Piazza Ferretto, 73
Tél. 041 951 385 • www.hotelvivit.com
De 69 à 115 € •
Air conditionné • Wi-Fi

En plein centre de Mestre, sur la place principale, ce bâtiment édifié au début du XXe siècle a du caractère. Les chambres affichent un rapport qualité/prix très intéressant, la déco est attrayante et le buffet du petit-déjeuner est bon. L'hôtel dispose d'un parking privé. Possibilité de louer un appartement avec coin cuisine.

Hotel Montepiana

Via Monte San Michele, 17
Tél. 041 926 242 • www.hotelmontepiana.it
De 60 à 90 € • Air conditionné

Situé à 200 mètres de la gare, ce deux étoiles tenu par une famille propose 16 chambres spacieuses et calmes, à la décoration sans relief, toutes équipées d'une salle de bains privée.

Location d'appartement

Contrairement à une idée reçue, la location reste la meilleure formule pour expérimenter la *dolce vita* vénitienne à moindre coût, surtout si vous êtes plus de deux et si vous restez plus de trois jours. En moyenne, il faut compter, selon la saison et les prestations de l'appartement – superficie, emplacement, présence ou non d'une terrasse, lit bébé, etc. –, entre 600 et 1 000 € la semaine pour un logement d'environ 50 m^2 pouvant accueillir de 3 à 5 personnes.
Louer est aussi un bon moyen pour bénéficier d'un meilleur confort : contrairement aux hôtels, dont les chambres sont souvent lilliputiennes, les appartements vénitiens, quoique souvent mansardés ou tarabiscotés, affichent de belles dimensions. Par ailleurs, ils sont généralement climatisés, bien équipés et correctement entretenus. En outre, vous bénéficierez souvent d'un conseil personnalisé de la personne qui vous accueillera sur place, ce qui s'avère précieux pour appréhender la ville.
Enfin, disposer d'une petite cuisine vous fera goûter au bonheur de faire le marché du Rialto ou de vous ravitailler à la supérette du coin en discutant le bout de gras avec les mamies du quartier. Vous vous rendrez compte aussi des vicissitudes de la vie locale : par exemple, prendre le *traghetto*, le bac qui traverse le Grand Canal, avec son panier de courses plein à craquer est un exercice assez périlleux !

• COMMENT DÉGOTER LA PERLE RARE ?

Les agences spécialisées dans la location à Venise et en Italie sont une bonne garantie, mais certaines réclament des frais de dossier équivalant parfois à une nuit.
À consulter : les sites de Italie Loc'Appart (**www.destinationlocappart.com**), de Casa d'Arno (**www.casadarno.com**), de FAR Voyages et Agritourisme (**www.locatissimo.com**), de Venice Apartments Italy (**www.venice-apartments-italy.com**) et de Destination Italie (**www.destination-italie.net**).

Les sites généralistes de location comme **www.villanao.fr**, **www.homelidays.com**, **www.interhome.fr** ou **www.abritel.fr** sont aussi une mine d'adresses. Outre les photos, les notes et les commentaires émis par les internautes permettent de se faire une idée précise des prestations. Attention toutefois à bien vérifier le lieu exact de résidence : certaines annonces situées prétendument à Venise se trouvent parfois au Lido ou à Mestre.

BON À SAVOIR • En période hivernale, les logements en rez-de-chaussée peuvent s'avérer très humides, voire inondés en cas d'*acqua alta*. Si vous cherchez un appartement mansardé, retenez que les immeubles n'ont pas d'ascenseur et que les escaliers vénitiens sont raides. N'hésitez pas à poser par mail des questions précises au propriétaire. Sachez qu'il est possible de négocier les prix en basse saison, notamment si vous payez en liquide. Enfin, avant de signer, demandez si le prix inclut le ménage de fin de séjour.

• DANS QUEL *SESTIERE* LOUER UN APPARTEMENT ?

--- **SAN MARCO** • C'est le plus central, mais aussi le plus cher. Pratique pour voir la place Saint-Marc sans prendre le *vaporetto*. Revers de la médaille : c'est le coin des touristes. Dans certains lieux, vous aurez du mal à trouver un commerce pour vous ravitailler – sauf si vous vous nourrissez de masques de carnaval ! Dans ce quartier, la zone la plus agréable à vivre se situe du côté du Campo Santo Stefano, à proximité de la station de *vaporetto* San Samuele.

--- **DORSODURO** • Au sud de la ville, la proximité des Zattere constitue un attrait indiscutable. Peu nombreuses, les locations y sont souvent chères.

--- **SANTA CROCE-SAN POLO** • Coincé entre Dorsoduro, la gare des bus de Piazzale Roma et la boucle du Grand Canal, ces deux *sestieri* sont le cœur du "poisson vénitien". Ces deux quartiers paisibles, qui ont conservé leurs habitants, ont pas mal de charme et offrent un certain nombre de locations. Avantage principal : le marché du Rialto n'est pas loin. Tout autour, les ruelles regorgent de formidables commerces de bouche.

--- **CANNAREGIO** • C'est ici, au nord de la Sérénissime, que vous trouverez la plus grande concentration de logements bon marché, avec en prime des commerces accessibles. Autre avantage : vous êtes tout près de la gare de Santa Lucia. Pratique pour se balader en Vénétie.

--- **CASTELLO** • La queue du "poisson vénitien" est l'arrondissement le plus vaste. Il reste aussi le plus populaire, et le moins touristique, tout en demeurant très proche de la place Saint-Marc. Il est très agréable d'y louer un pied-à-terre.

Camping

Du côté de Mestre ou près de Punta Sabbioni, au nord du Lido, vous trouverez une flopée de campings. Nous avons sélectionné ici les plus proches du centre historique, qui bénéficient d'un accès direct par bus ou par bateau. Attention : en été, ils sont souvent bondés de touristes... et de moustiques ! Pensez donc au répulsif – pour les seconds, bien sûr.

--- MESTRE

Venezia Camping Village

Via Orlanda, 8c, Campalto (sur la route SS 14)
Tél. 041 531 28 28 • www.veneziavillage.it
Emplacement (tente et voiture ou camping-car) : 14 € + 9 €
Bungalow : 56 € la nuit pour 2 personnes • 78 € pour 4 personnes
Ouvert toute l'année

Herbe tendre, jolis arbres, entretien rigoureux et équipements de bon aloi, c'est le camping plus proche de Venise : compter une dizaine de minutes avec le bus n° 5 (passage toutes les 30 min environ) pour rejoindre Piazzale Roma – prenez soin de vérifier les horaires de retour, en demandant la grille des horaires à la réception. Pratiques également : le distributeur de billets, les conseils touristiques très professionnels, la possibilité de louer des vélos, le Wi-Fi gratuit et les aires de pique-nique équipées de barbecues.

--- PUNTA SABBIONI

Camping Miramare

Lungomare Dante Alighieri, 29 • Cavallino-Treporti
V° Punta Sabbioni
Tél. 041 966 150 • www.camping-miramare.it
Environ 30 € pour 2 personnes
Ouvert de Pâques à la Toussaint

Ce complexe à la clientèle très internationale a une qualité principale : il se trouve sur le littoral du Cavallino, à 150 m de l'embarcadère pour la Cité des Doges. On est aussi à 1,5 km de la plage de sable doré du phare de Punta Sabbioni. Bien ombragé, il reste à taille humaine – une bonne centaine de places –, même si les emplacements sont un peu serrés en pleine saison. Le bloc sanitaire, moderne est chauffé au printemps et à l'automne. Prêt de vélos et location de bungalows. Pensez à réserver longtemps à l'avance. Attention : séjours de 2 nuits minimum en haute saison.

--- LIDO

Camping San Nicolò

Via dei Sanmicheli, 14 • ***V° Alberoni Rocchetta***
Tel. 041 526 74 15 • www.campingsannicolo.com
Environ 35 € pour 2 personnes avec voiture
Ouvert d'avril à septembre

Dans ce petit camping sans prétention d'une cinquantaine d'emplacements, à l'abri des pins parasol et au milieu d'une végétation luxuriante, il flotte un air convivial, renforcé par le cadre naturel très agréable. Bonnes installations, accueil parfait. On rejoint le *vaporetto* en 10 minutes grâce au bus.

Manger

Pas envie de plomber votre budget restaurant, ni de perdre trop de temps le midi, alors qu'il vous reste tant de choses à voir ? La Cité des Doges regorge de cantines toutes simples (*tavola calda*) où l'on déjeune d'une *pasta* du jour (6-9 €) avant de reprendre la route. Pour calmer une fringale à moins de 10 €, comptez aussi sur les snack-bars, les bistrots de quartier, les boulangeries, où l'on vous servira un *tramezzino* (petit sandwich au pain de mie ou au pain noir), un *panino*, une part de pizza...
Une autre solution rapide, mais légèrement plus coûteuse – compter au moins une dizaine d'euros –, consiste à pousser la porte d'un *bacaro*. Ces bars à vin sont l'âme de Venise depuis des siècles. Marins, marchands, banquiers, portefaix et ouvriers des chantiers navals s'y retrouvaient jadis. Debout, un verre de vin blanc à la main, on y déguste les *cicchetti*, sortes de tapas à la vénitienne. Un rituel que les locaux pratiquent assidûment sur les coups de midi et, bien sûr, le soir dès 18h, pour l'apéro.
De l'honnête *pasta* aux spécialités gastronomiques de la lagune, nous avons sélectionné ici les meilleures adresses, avec une palette de prix très large. Ces enseignes brillent toutes par leur authenticité tant en cuisine que dans la salle...

Les adresses qui suivent sont classées, au sein de chaque quartier, par ordre croissant du prix du repas (sans le vin).

€ Moins de 12 €
€€ Moins de 20 €
€€€ Moins de 35 €

Trattorias, bistrots et restos de charme

--- SAN MARCO

Rosticceria San Bartolomeo €

Calle della Bissa, 5424 • ***V° Rialto***

Tél. 041 522 35 69

Ouvert tous les jours

Cette institution indémodable figure dans tous les guides touristiques. Elle est souvent bondée, on s'y sent un peu perdu au début, mais c'est un bon plan pour un déjeuner sur le pouce sans se ruiner. D'ailleurs, les Vénitiens sont depuis longtemps adeptes de cette *tavola calda*, l'une des seules valables à proximité du pont du Rialto. Ambiance typiquement italienne, c'est-à-dire volontiers chaotique. Au rez-de-chaussée, on trouve quelques tables posées au beau milieu du passage, mais c'est surtout debout, devant le grand comptoir de verre, que l'on engloutira sa *pasta* du jour (6-8 €). À l'étage, une salle un chouïa plus calme. La carte est vaste, avec pas mal de recettes d'inspiration sicilienne. Bonne nouvelle : les prix indiqués sur le mur derrière le comptoir sont nets – pas de supplément couverts ni service. Misez sur les boulettes de riz à la viande ou encore sur la *mozzarella in carrozza*, du pain de mie farci de mozzarella et d'anchois que l'on fait frire comme un beignet. À tomber.

Éviter les pièges à touristes

Une spécialité de Venise ? Le mauvais resto ! Les enseignes chères et décevantes sont, hélas, légion. Heureusement, elles se reconnaissent facilement à leur menu multilingue affiché en vitrine, à la présence d'un rabatteur sur le trottoir et à un service au lance-pierre – un comble pour le pays qui a inventé le mouvement "slow food" ! Deux zones sont particulièrement sinistrées : le pont du Rialto, avec ses terrasses à la file en bordure du Grand Canal, et les quelques ruelles autour de la Piazza San Marco.

Chat qui rit Self Service €

Calle Frezzaria, 1133a • **Vº San Marco Vallaresso**
Tél. 041 522 90 86
Ouvert tous les jours de 11h à 21h30
Ce self-service pas ruineux au décor floral joliment kitsch est vraiment pratique pour se restaurer entre deux visites dans San Marco. *Pasta* (5-6 €), choix de légumes (4-5 € la portion), viande (6-8 €) : ce que l'on a goûté parmi le buffet gargantuesque était frais et bien préparé, même s'il ne s'agissait guère d'un sommet de la gastronomie transalpine. On s'en tire pour une grosse dizaine d'euros, à condition de bien se faire préciser les prix, pas toujours correctement affichés, au moment de passer la commande. Sinon, c'est votre porte-monnaie qui pleurera lorsque l'impitoyable *mamma* à la caisse sortira ses griffes en miaulant son addition.

Snack Bar San Vidal €

Campo Santo Stefano, 2862a • **Vº Accademia**
Ouvert du lundi au samedi midi et soir
Un minuscule bar-pizzeria installé sur le flanc droit de l'église San Vidal. On a un peu l'impression d'aller manger chez monsieur le curé ! La terrasse s'étale sur le *campo* comme une invitation à la bronzette. Que commander pour avoir le droit de rester sur cet emplacement de rêve ? Une pizza (6,50-8,50 €), ou encore des *panini* et *tramezzini*. Bref, une bonne escale pour manger dehors, à midi comme le soir, dans un quartier vraiment pas donné. Dommage que le service ne soit guère enthousiaste.

Osteria Al Bacareto €

San Samuele, 3447 • **Vº Sant'Angelo**
Tél. 041 528 93 36
Ouvert du lundi au samedi
On se sent bien dans cette auberge à l'atmosphère familiale, installée dans une ruelle colonisée par les antiquaires, à quelques pas du Palazzo Grassi. Rien de révolutionnaire, mais un service sans fausse note et des classiques bien ficelés, comme le foie de veau

à la vénitienne, les seiches à la polenta, les spaghettis aux palourdes ou la brandade de morue. Compter un minimum de 20 € par personne. L'été, quelques tables sont disposées à l'extérieur. Pensez à réserver si vous voulez en profiter.

Osteria da Carla €€

Sotoportego de la Corte Contarina, 1535. **V° San Marco Vallaresso**
Tél. 041 523 785
Ouvert du lundi au samedi midi et soir
Fermé du 15 décembre au 15 janvier

Dans ce petit passage à quelques enjambées de la place Saint-Marc, l'accueil est souriant et les prix vous mettent *illico* en appétit – un miracle, vu le secteur. Des *antipasti* comme les *sarde in saor* ou les beignets de crustacés (8 € les trois ou quatre pièces), un plat de *pasta* du jour (10 € environ). À midi, on peut aussi la jouer économique en optant pour des *panini* ou des *tramezzini* au comptoir.

Osteria Ai Assassini ♥ €€€

Rio Terà dei Assassini, 3695 • **V° Sant'Angelo ou Rialto**
Tél. 041 528 79 86 • www.osteriaaiassassini.it
Ouvert du lundi au vendredi de 12h à 15h et de 19h à 22h, le samedi de 19h à 22h

Le truculent Giuseppe Galardi vénère les bons produits. Au milieu des jambons secs et des barriques de vin, dans une salle de brique et de lambris où la plupart des gondoliers ont leur rond de serviette, on vous sert une nourriture sans fioritures. Le menu change tous les jours : lundi, viande blanche ; mardi, viande braisée en sauce ; mercredi, *bollito misto e salse* et ragoût en tout genre ; jeudi, ode à la brandade de morue, ce poisson que l'on mange à Venise depuis le XVe siècle. Giuseppe la prépare de plusieurs façons : à la vicentine (au four), *in umido* (à la tomate), *a la cappuccina* (ail et persil) ou *mantecata* (battue avec de l'huile). On vous conseille de commander un assortiment. Les vendredis et samedis sont consacrés aux poissons et crustacés de la lagune. Le dimanche, le chef se repose ! Enfin, presque, puisque ce passionné d'aviron, qui a fondé un club du côté de Montpellier, retrouve ses copains gondoliers pour une balade à la rame ! Excellente sélection de vins – 250 étiquettes au total – et de fromages italiens. Compter environ 10 € pour les *primi*, de 15 à 20 € pour les *secondi*.

--- DORSODURO

Bar Da Gino €

Piscina Venier, 853a • **V° Accademia**
Tél. 041 528 52 76
Ouvert du lundi au samedi de 6h30 à 19h30
Fermé en août et fin décembre
Une grande salle chaleureuse et bruyante où l'on prépare sandwichs, toasts grillés, *panini* et petites collations chaudes. À l'heure du déjeuner, pas mal d'étudiants, de gondoliers, d'artisans et d'antiquaires de la rue, mais aussi quelques fonctionnaires du musée de l'Accademia chahutent autour du comptoir avec le boss Emilio. On peut aussi venir en fin de journée pour boire un *spritz*. Trois ou quatre tables prises d'assaut à l'extérieur.

Pizza Al Volo ♥ €

Campo Santa Margherita, 2944 • **V° Ca' Rezzonico**
Tél. 041 522 54 30
Ouvert tous les jours midi et soir jusqu'à 1h30
Pâte fine, ingrédients de bonne qualité et cuisson millimétrée, les *pizze* volent haut dans ce petit kiosque installé sur le *campo* le plus festif de la ville. Heureusement, les prix restent en rase-mottes. La grande pizza – vraiment grande – oscille entre 8 et 13 €, la petite – pas riquiqui pour autant – revient à 6-7 €. On fait la queue le midi et le soir, parfois jusque très tard. Et l'on déguste assis sur un banc du *campo*.

Ae Oche ♥ €

Fondamenta delle Zattere, 1414 • **Vº San Basilio ou Zattere**
Tél. 041 520 66 01 • *www.aeoche.com*
Ouvert tous les jours de 12h à 15h et de 19 à 23h
Cette chaîne de pizzerias terriblement conviviale a investi un bout des Zattere. Sa grande terrasse face au Molino Stucky offre un emplacement de rêve sur le défilé des bateaux. Et, bonne nouvelle, les prix sont toujours aussi doux. Large choix de pizzas entre 4,70 € et 9 €. L'une des plus demandées est la Veneta, garnie de cochon de lait de Trévise rôti et de champignons. Un régal aux accents rustiques à seulement 7,20 €. Également, des salades copieuses et fraîches. À l'intérieur, une déco style drugstore plutôt réussie. Le service est toujours souriant, mais assez long en cas d'affluence, c'est-à-dire presque tous les jours. On soutient aussi l'initiative citoyenne de la maison : pour chaque couvert, 10 centimes d'euro sont reversés à la Ville pour la valorisation du patrimoine, ce qui a permis de financer la restauration du San Teodoro terrassant le dragon au sommet d'une des deux colonnes de la Piazzetta San Marco. Deux autres Ae Oche dans Venise : à Santa Croce (Calle delle Tintor, 1552) et à Cannaregio (Lista di Spagna, 158a).

Osteria Al Vecio Forner €€

Campo San Vio, 671a • **Vº Accademia**
Tél. 041 520 13 15
Ouvert tous les jours midi et soir, sauf le mardi
Avec ses tables en bois, la salle est rustique et sans manières. Selon la taille, l'assiette de friture de la mer est à 10, 15 ou 20 €. Le trio de *baccalà* (15 €) est impeccable. Le prix des pâtes maison varie de 8 à 12 €. Une bonne *osteria* typique comme on les aime. Le soir en fin de semaine, pensez à réserver car les gens du quartier y ont leurs habitudes.

Osteria Ai 4 Feri €€

Calle Lunga San Barnabà, 2754a • **Vº Ca' Rezzonico**
Tél. 041 520 69 78
Ouvert du lundi au samedi
Cap sur les produits de la mer et de la lagune ! Une assiette d'*antipasti* de poisson, parfaite de fraîcheur, à compléter de spaghettis aux fruits de mer, et le tour est joué ! Une vraie cure d'iode dans une atmosphère particulièrement agréable.

Pane, Vino e San Daniele €€

Campo dell'Anzolo Raffaele, 1722 • **Vº San Basilio**
Tél. 041 523 74 56
Ouvert tous les jours, sauf le mercredi
Bons vins, belles charcuteries et spécialités sardes : voilà le programme proposé par la famille Fantinel, qui exploite avec succès trois adresses à Venise. Celle-ci a l'avantage d'être isolée dans un quartier qui s'étend à l'arrière de l'église San Sebastiano : pas un touriste à signaler ! La terrasse en plein soleil et le calme idyllique sont à savourer dès le printemps, à l'heure du déjeuner.

La Bitta €€€

Calle Lunga San Barnabà, 2753a • **Vº Ca' Rezzonico**
Tél. 041 523 05 31
Ouvert du lundi au samedi
Marre de la morue et des crustacés de la lagune ? Les amateurs de plats terriens ont ici leur QG. Ce resto de poche de quinze tables à peine mitonne à merveille le carpaccio de bœuf fumé, les *gnocchi* au ragoût, le foie de veau à la vénitienne ou encore l'osso bucco. Tout est savoureux, très frais, bien présenté. Le menu change tous les jours. Vu les prix pratiqués, dommage que les assiettes manquent un peu de générosité. Compter 10 € pour l'entrée, 16 € le plat, 5 € le dessert. Ajoutez encore 2 € pour le couvert et la carafe d'eau. Bien vu : on paie son vin à la gorgée. La serveuse dépose une bouteille sur votre table et ne compte que ce que vous avez sifflé, à raison de 2 € environ le verre. Réservation indispensable.

Osteria-Enoteca S. Barnabà ♥ €€€

Calle Lunga San Barnabà, 2736 • **V° Ca' Rezzonico**
Tél. 041 521 25 74 ou 320 917 18 47 (portable)
Ouvert tous les jours, sauf mercredi et jeudi

Notre chouchou de la rue. Cette trattoria simple et authentique fait le bonheur des gourmets depuis des années. Le charmant Sandro, cheveux grisonnants et bedaine rassurante, s'occupe de sa petite salle – une douzaine de tables – avec une gentillesse rare. Sa femme Luciana est en cuisine, qui prépare des plats à l'âme campagnarde, tels les *gnocchi* au ragoût de canard, le cou d'oie fumé ou encore les boulettes de viande. Belle sélection des vignobles du Frioul, du Trentin et du Haut-Adige. Vu le succès, il y a deux services le soir : à 19h et à 21h. Il est prudent de réserver la veille, surtout en fin de semaine. L'addition moyenne tourne autour de 30 € par personne, mais cela vaut le coup.

--- SAN POLO

All'Arco ♥ €

Calle dei Do Mori, 436 • **V° Rialto**
Tél. 041 520 56 66
Ouvert du lundi au samedi

Juste à côté de Do Mori (voir p. 86), ce bar attire une foule d'aficionados tous les midis, à l'heure de l'apéro. Cette joyeuse troupe vient prendre le pouls du marché, deviser en vénitien sur le temps qu'il fait et passer en revue les péripéties politiques du moment. Autour du comptoir en marbre ou sur la petite terrasse, le climat est toujours enjoué. Qui plus est, les *cicchetti* sont divins : les meilleurs de Vénétie, ou presque. Goûtez notamment les fameux artichauts violets de Sant'Erasmo, servis chauds, ou les asperges roulées dans la ricotta et le speck. Également, d'excellents *tramezzini*. Compter une dizaine d'euros pour un apéro déjeunatoire digne de ce nom.

Al Nono Risorto €

Sottoportego de la Siora Bettina, 2337 • **V° Rialto**
Tél. 041 524 13 53
Ouvert tous les jours midi et soir, sauf mercredi et jeudi midi
Sans même parler des prix très abordables, le jardin ombragé par la glycine constitue à lui seul une raison suffisante pour venir dans cette trattoria-pizzeria cachée près du Rialto. Les pizzas (5-9 €) sont excellentes – certains disent même que ce sont les meilleures de la ville... Dommage que le reste de la carte soit comme l'accueil : décevant.

Cantina Do Mori €€

Calle dei Do Mori, 429 • **V° Rialto**
Tél. 041 522 54 01
Ouvert du lundi au samedi de 8h30 à 20h
Pittoresque institution, le plus vieux *bacaro* de la Sérénissime, dont l'origine remonterait à 1462, n'a rien perdu de son charme. Une salle sombre, des barriques de vin, des marmites en cuivre suspendues, de vieux journaux sur les murs et un présentoir vitré devant lequel on hésite entre une vingtaine de *cicchetti* chauds ou froids : artichauts, poulpes, pâte de crabe, toast de *sarde in saor*, ces sardines marinées aux oignons blancs, raisins secs, pignons et vinaigre... On se régale debout, avec un vin blanc bien frais. Bizarrement, les touristes sont peu nombreux, les vieux Vénitiens continuant d'y débarquer vers midi, après leurs courses au marché du Rialto voisin. Vous les entendrez discuter en patois vénitien, une sorte d'italien méconnaissable et zozotant. Attention : comme tout est très tentant, l'addition a rapidement tendance à flamber. Pour six ou sept *cicchetti* et deux verres de vin, on débourse facilement 15 €.

Muro Vino e Cucina

€€

Campo Cesare Battisti, 222 • **V° Rialto**
Tél. 041 523 74 95
Ouvert tous les jours de 9h à 15h et de 17h à 2h
Service jusqu'à 22h30

Un décor moderne en métal et verre, une musique qui oscille entre Paolo Conte et Laura Pausini… Coiffé de son inamovible bandana, le maître du comptoir pourrait sortir d'un film de Fellini. Bref, en journée, rien ne laisse présager ce qu'est Muro, comme l'appellent simplement les Vénitiens. Le soir, c'est pourtant le point de rendez-vous des branchés, incontournable à n'importe quelle saison pour l'apéro en terrasse [voir p. 116]. Le restaurant à l'étage fait dans le raffiné, mais s'avère assez cher [45 € minimum par personne] et l'on s'y sent à l'étroit – réservation indispensable. Pour un grignotage au comptoir à l'heure du déjeuner, l'adresse vaut le coup si vous n'avez pas une faim de loup. Les *cicchetti* sont excellents, notamment leurs sublimes déclinaisons autour du poulpe. Belle carte de vins au verre. Vers midi, pas mal d'habitués, plutôt du genre beaux parleurs avec Ray-Ban sur le front, mettent l'ambiance.

Alla Patatina

€€

Calle Saoneri, 2741 • **V° San Tomà**
Tél. 041 523 72 38
Ouvert tous les jours midi et soir

Cette trattoria se trouve au-delà du Campo San Polo, au niveau du Ponte San Polo. Si vous ne la voyez pas, demandez au gondolier qui alpague les clients sur le pont. La salle tout en longueur est prise d'assaut midi et soir par des touristes attirés par les prix sages, et notamment par l'excellent menu à 16,50 €. À la carte, on s'en sort pour une vingtaine d'euros. *Pasta* à toutes les sauces, poissons et viandes. Pratique et conviviale, cette table vous redonnera la pêche pour repartir à l'assaut du quartier.

Birraria La Corte €€

Campo San Polo, 2168 • V° San Tomà
Tél. 041 275 0570 • www.birrarialacorte.it
Ouvert tous les jours midi et soir
Cette ancienne brasserie domine le plus large *campo* de la ville. C'est un bon point de chute pour manger pas cher avec les enfants, ou si vous êtes en groupe : la salle a une capacité de presque 300 couverts et la terrasse ensoleillée compte une cinquantaine de tables. Bonnes pizzas de 7 à 10 €. Compter 15-20 € à la carte : salades, grillades, pâtes... Gardez une place pour les desserts, toujours très bien. À noter : l'établissement est surchargé en été, lorsque le *campo* se transforme en cinéma de plein air.

Naranzaria €€€

Campo San Giacometto, 130 • V° Rialto
Tél. 041 724 10 35 • www.naranzaria.it
Ouvert du mardi au dimanche de 12h à 2h
Sushis à la mode vénitienne mitonnés par un cuistot nippo-brésilien avec des poissons choisis à la Pescheria voisine. Vos papilles aiguisées ne peuvent rater cette drôle de tambouille aux accents *world*. À Venise, il est si rare – qui plus est du côté du Rialto – de trouver autre chose qu'un *menu turistico* dupliqué d'une trattoria à l'autre. Rendez-vous incontournable des branchés, ce restaurant de poche caché sous les arcades des entrepôts où l'on débarquait notamment les agrumes au XVIe siècle – "orange" se dit *naranza* en vénitien – dispose d'une terrasse exceptionnelle au bord du Grand Canal, fréquemment envahie par l'*acqua alta* en hiver. À l'intérieur, quelques tables, autour du bar ou à l'étage. Sushis (15 € les dix), mais aussi tartare de poisson, salade de poulpe, carpaccio d'espadon ou crêpes de cèpes... D'excellents vins au verre (4 € environ) pour accompagner, et des cocktails bien dosés – le mojito est au top ! – pour aller jusqu'au bout de la nuit. Le soir, en fin de semaine, le côté bar prend largement le dessus, au détriment de la qualité du service. Pour échapper à la musique tonitruante, il faut alors se réfugier en terrasse, où des plaids attendent les plus frileux.

--- SANTA CROCE

Majer

€

Campo San Giacomo dell'Orio • Calle Larga, 1658 • ***V° San Stae***
Tél. 041 710 677 • www.majer.it
Ouvert du lundi au dimanche midi

Cette enseigne appréciée des Vénitiens fabrique des pains de toutes sortes, des pâtisseries succulentes et des tas de petites choses salées délicieuses – friands aux épinards, minipizzas... – à se mettre sous la dent pour un pique-nique rapide et bon marché. L'enseigne a plusieurs boutiques dans toute la ville, mais celle-ci possède un emplacement idéal, à quelques pas du Campo San Giacomo dell'Orio, le coin idéal pour une pause pique-nique au soleil. Achetez votre repas et posez-vous sur l'un des bancs à la peinture rouge écaillée... Le bonheur !

Al Prosecco

€€

Campo San Giacomo dell'Orio, 1503 • ***V° San Stae***
Tél. 041 524 02 22
Ouvert du lundi au samedi

Sur l'une des places les plus attachantes de Venise, où les bambins jouent en été, les gérants de cette œnothèque servent une cuisine simple. Grandes assiettes de charcuteries, de fromages ou de poissons fumés, de quoi sublimer la sélection de vins blancs, rouges ou pétillants. Compter une vingtaine d'euros.

Ae Cravate

€€

Salizada San Pantalon, 36 • **V° San Tomà**

Tél. 041 528 79 12

Ouvert du lundi au samedi midi et soir

Levez le nez, et vous comprendrez pourquoi cette trattoria s'appelle ainsi. Rassurez-vous, vous n'êtes pas obligé de venir en cravate, ce n'est pas vraiment le genre de la maison, en dépit d'une collection – de cravates, donc – qui enfle sans cesse grâce aux dons du monde entier. Bruno propose un menu traditionnel tout à fait honnête : tartare de poisson, soupe, polenta, *pasta* aux crustacés de la lagune et crème caramel. Compter environ 25 € le soir. Le midi, misez sur le menu "travailleurs du quartier", à partir de 12 €.

Trattoria Al Ponte del Megio

€€

Calle Larga, 1666, Ponte del Megio • **V° San Stae**

Tél. 041 719 777

Ouvert du lundi au samedi

Une bonne petite trattoria des familles. Accueil bienveillant, cuisine simple et tarifs raisonnables (20 € pour un repas complet). Les trois ou quatre tables en terrasse face à un joli *rio* sont idylliques.

Il Refolo

€€

Campo San Giacomo dell'Orio, 1459 • **V° Riva de Biasio**

Tél. 041 524 00 16

Ouvert du mardi soir au dimanche

Emplacement de charme dans un recoin typique de Santa Croce. Entre une vieille église et un petit pont sous lequel somnole un *rio*, voici la Venise idyllique telle qu'on l'adore. L'accueil y est doux comme le lieu. La cuisine est tenue par le fils du Da Fiore, un restaurant de luxe très réputé et très cher (Calle del Scaleter). Le midi, prenez l'option pizza (de 7 à 14 €). Elles sont excellentes et ne manquent jamais de faire la part belle aux produits de saison. Le soir, comptez une petite quarantaine d'euros par personne si vous voulez faire un repas plus raffiné (*primo*, *secundo*, dessert et vin). Il faut impérativement réserver si l'on veut une jolie table.

Osteria La Zucca

€€€

Ponte del Megio, 1762 • **Vº San Stae**
Tél. 041 524 15 70 • *www.lazucca.it*
Ouvert du lundi au samedi midi et soir

L'accueil est adorable. À l'intérieur, les lambris laissent apparaître un hommage discret à la *zucca* ("citrouille"), signe que l'on aime cuisiner les légumes. Dehors, quelques tables sont posées entre le canal et le petit pont. Végétaux teintés de saveurs orientalisantes, tagliatelle au gorgonzola et amandes, agneau au *tzatziki*, flans de courgettes à la ricotta... L'originalité est au rendez-vous. Les végétariens trouveront largement de quoi se régaler. Compter environ 35 €. Réserver la veille.

Le dernier *fritolin*

À quelques pas du Rialto et du musée Pesaro, on sert ici de la cuisine vénitienne depuis cent ans. C'est la "dame aux lunettes rouges" Irina Freguia qui vous accueille. Aux fourneaux, le maestro Mauro Cautiello met un point d'honneur à tout préparer sur place. Il donne la priorité à ce qui fait l'ADN de la cuisine lagunaire : produits de la mer et légumes cultivés sur l'île de Sant'Erasmo. Lors de notre passage, des canoce *(crevettes de la lagune), un risotto courges, thym et ricotta fumée, mais surtout le fameux* fritolin*, le* fish & chips *à la vénitienne. On ne le trouve plus qu'ici ! Ce mélange de moules, crevettes, poissons et fruits de mer frits est servi comme il se doit dans un grand cornet en papier. Le soir, on déguste son* fritolin *entre deux plats de haute volée, et ce n'est pas donné – environ 45 € par personne. Mais, bonne nouvelle, le midi, pour 10 €, on vous sert désormais une petite portion de cette succulente friture lagunaire... À emporter et à déguster dans l'instant.*

Vecio Fritolin ♥
Calle della Regina, 2262 • Vº San Stae
Tél. 041 522 28 81 • www.veciofritolin.it
Ouvert du mardi au dimanche de 12h à 14h30 et de 19h à 22h30

--- CANNAREGIO

Brek Ristorante Self Service €

Lista di Spagna, 124 • V° Ferrovia
Tél. 041 244 01 58 • www.brek.com
Ouvert tous les jours de 11h à 22h

Un repas rapide à quelques pas de la gare ? Tables de bois clair et serveurs en tablier noir, cette chaîne de cafétérias très appréciée des Italiens a du style. Elle offre un choix large de plats copieux et peu coûteux. Risotto courgettes-speck, tagliatelles au thon, bons légumes avec viande, desserts pas mauvais et menu enfant bien pensé : on s'en sort pour 10-15 € par personne. C'est souvent plein à craquer le midi.

Quanto Basta €

Lista di Spagna, 148 • V° Ferrovia
Tél. 041 524 29 39
Ouvert tous les jours

Ce fast-food à l'italienne, vulgaire comptoir ouvert sur le trottoir, vous accueille avec le sourire pour vous proposer un grand choix de *pizze* gigantesques. On choisit une part ou deux selon son appétit, parmi certaines recettes assez surréalistes – pizza frites-chorizo, par exemple ! Quanto Basta propose aussi des glaces. À noter : le petit espace vert à l'arrière du restaurant, bien pratique pour manger au calme.

Cantina Vecia Carbonera ♥ €

Strada Nova, 2329, Ponte Sant'Antonio • V° Ca' d'Oro
Tél. 041 710 376
Ouvert du mardi au dimanche de 10h à 15h et de 17h à 23h

Poussez donc la porte de cette taverne patinée par les ans. Derrière le comptoir, les serveurs joyeusement fêlés se servent des lampées de *vino bianco* à chaque commande. Ici règne l'âme enjouée d'une Venise de marins et de coquins. Les tartines de crevettes-mayo ou de *baccalà* s'engloutissent, accoudé au piano de l'entrée ou dans la grande salle à l'arrière, sur des tables en bois façon taverne du Moyen Âge. Aux beaux jours, les clients envahissent le pont, juste devant l'entrée, et la rue se transforme en un vaste bistrot. Le soir, en fin de semaine, la salle, le bar et la rue sont littéralement pris d'assaut. Les prix restent raisonnables et les portions, aussi généreuses que les patrons sont enjoués. Une bien belle adresse.

Do Colonne

€€

Rio Terà San Leonardo, 1814c • **Vº San Marcuola**
Tél. 041 524 04 53
Ouvert du dimanche au vendredi de 10h à 20h30
Au pied du très mouvementé Rio Terà San Leonardo, ce bar de quartier rassasie les faims les plus voraces au déjeuner. *Pasta* du jour, *baccalà in umido* (morue à la tomate), *tramezzini* au pain noir, petits pains ronds garnis de bonne charcuterie italienne, boulettes de viande ou de pommes de terre. En hiver, c'est ici qu'il faut goûter le saucisson chaud local, avec une bière *alla spina* ("pression").

La Cantina

€€

Strada Nova, 3689 • **Vº Ca' d'Oro**
Tél. 041 522 82 58
Ouvert du lundi au samedi • Fermé le lundi en hiver
Si vous cherchez une adresse agréable et pas chère dans la frénésie de la Strada Nova, direction cette toute petite *enoteca* dotée d'une terrasse ensoleillée. On peut aussi bien y manger sur le pouce qu'y faire un vrai repas. Au menu, des assiettes de charcuterie, fromages, légumes grillés, ou des compositions de poissons froids (thon, coquilles Saint-Jacques…), ainsi que des soupes revigorantes en hiver ou des salades composées en été.

Osteria Al Bomba €€

Calle dell'Oca, 4297b • **V° Ca' d'Oro**
Tél. 041 520 51 75 • *www.osteriaalbomba.it*
Ouvert tous les jours midi et soir
Dissimulées dans une rue sombre, deux salles toutes simples vous attendent. D'un côté, le bar où le patron tient la barre sans broncher ; de l'autre, une interminable table de bois où l'on mange au coude à coude. On se croirait dans la cantine d'un navire, mais pas de naufrage dans l'assiette : que des grands classiques vénitiens (*baccalà*, seiche, *vongole*). *Pasta* de 8 à 12 €, *secondi* à 15 €.

Alla Vedova ♥ €€

Calle del Pistor, 3912 • **V° Ca' d'Oro**
Tél. 041 528 53 24
Ouvert tous les jours, sauf jeudi midi et dimanche midi
Cette formidable adresse pour dîner à proximité de la Ca' d'Oro n'a rien perdu de son charme. Véritable institution, cette trattoria historique continue de pratiquer des tarifs raisonnables et d'aimanter les branchés comme les vieux loups de mer. La fréquentation est avant tout vénitienne : le soir, attendez-vous à patienter un peu sur le seuil – un verre à la main ! – avant de décrocher une table. Cuisine locale et savoureuse pour 20-25 € environ. Un conseil : débutez votre repas par les *polpette* (boulettes de viande), à grignoter en amuse-gueule (1 €).

Da' Marisa €€

Fondamenta di San Giobbe, 652b • **V° Tre Archi**
Tél. 041 720 211
Ouvert lundi, mercredi et dimanche à midi,
mardi, jeudi, vendredi et samedi midi et soir
Tout Venise connaît Marisa, cette *mamma*, fille d'une dynastie de bouchers, qui cuisine la viande à merveille. Pas de menu : on vous annonce les plats du jour à l'oral. À moins d'être du cru, impossible d'y comprendre quelque chose ! Bref, laissez-vous guider parmi ces plats très copieux. Réservation indispensable.

--- CASTELLO

Pasticceria Bonifacio €

Calle degli Albanesi, 4237 • **Vº San Marco-San Zaccaria**
Tél. 041 522 75 07
Ouvert tous les jours de 7h à 20h, sauf le jeudi

Notre plan casse-croûte préféré lors d'une balade du côté de San Zaccaria, mais pas simple à trouver : ne ratez pas la Calle degli Albanesi, cet étroit corridor qui débouche sur la Riva degli Schiavoni, ou bien, plus simplement, repérez la longue file devant la porte de cette boulangerie sans devanture. Pas besoin de faire de la réclame : la maison est vénérée par les gourmands pour ses gâteaux et ses pains moelleux, mais surtout pour ses *pizzette* à la tomate, aux anchois...

Birreria Forst ♥ €

Calle delle Rasse, 4540 • **Vº San Marco-San Zaccaria**
Tél. 041 523 05 57
Ouvert tous les jours de 10h à 23h • Fermé le samedi en hiver

À deux pas de la place Saint-Marc, dans une ruelle où la bonne adresse se compte sur... un seul doigt ! Vous y êtes. Le bar se résume à une petite salle avec des tables en bois et des bancs, mais il dégage quelque chose de chaleureux, avec ses murs décorés de vieilles photos sur le thème des grandes inondations vénitiennes et son comptoir tapissé de billets du monde entier. Ernesto, le grand chauve, son frère Riccardo, le moustachu, ou encore les enfants de la famille vous guideront pour choisir le *tramezzino* [2,70 €] ou la minipizza [1,60 €] qui ravira vos papilles, à accompagner d'un verre de vin au fût ou d'une bière à la pression. C'est frais, bon et bien ficelé. Les locaux sont ici aussi nombreux que les touristes, et ce, depuis soixante ans.

Vecia Gina €

Via IV Novembre, 54 • **V° Sant'Elena**

Tél. 041 528 57 33

Ouvert du lundi au samedi

Donnant sur les pelouses de la Pineta di Sant'Elena, à quelques pas de l'embarcadère, ce bar poussiéreux ne paie pas de mine. Faites comme les gens du coin et les chauffeurs de *vaporetto* : commandez une pizza à emporter (6-12 €) et allez la déguster sur un banc face à la lagune. Également, des *panini* et des sandwichs confectionnés à la demande. En hiver, si le mercure touche le fond, les petits plats chauds du jour autour de 7 € ne sont pas si mal.

Antica Sacrestia ♥ €€

Calle della Sacrestia, 4442 • **V° San Marco-San Zaccaria**

Tél. 041 523 07 49 • www.anticasacrestia.it

Ouvert du mardi au dimanche

La salle est occupée à 80 % par des étrangers, mais rien n'y fait : le charme opère. Cette adresse est une perle rare, l'une des tables les plus honnêtes de Venise. Douceur du service, décor improbable – les murs sont tapissés de croûtes représentant la cité lacustre –, portions incroyablement copieuses et rapport qualité/fraîcheur/prix imbattable. Dans cette ancienne cantine paroissiale où l'on servait jadis des repas pour les plus démunis, prenez d'abord le temps d'éplucher la carte, un roman-fleuve. Si vous êtes paumé, l'affable patron, Pino Calliandro, très distingué dans son costume bleu marine et sa cravate assortie, se fera un plaisir de vous guider. Plusieurs menus pour toutes les bourses (de 20 à 70 €). À la carte, en hors-d'œuvre, l'assiette Antica Sacrestia (18,95 €) est fantastique : huître gratinée à la ricotta, *baccalà*, salade de poulpe, moules, crevettes... Suit une volée de *primi* (8-14 €) et de *secondi di pesce o di carne* (15-20 €). Spaghettis aux palourdes très réussies, mais ce n'est qu'un exemple. Le vin de la maison est à un prix raisonnable, les desserts du jour avoisinent les 5 €. Enfin, précisons que ce resto est surtout apprécié des Vénitiens pour ses pizzas ! Vous l'aurez compris, faire son choix est ici un délicieux casse-tête.

Alla Rampa ♥ €€

*Via Garibaldi, 1135 • V° **Giardini***
Tél. 041 528 53 65
Ouvert du lundi au samedi midi et soir
Face à un canal au bord duquel se tient quotidiennement un petit marché, on remarque à peine cette devanture vieillotte. Si l'unique table de la première salle est occupée, continuez vers le fond. Là, huit grandes tables s'étalent près de la cuisine où opèrent les femmes. On mange dans le vacarme des plats et des commandes. Le midi, c'est une vraie tranche de vie. Plat du jour ou *primi* de spaghettis à 7,50 €, assiette de légumes à 4 €, *secondi* à 9,50 €, avec par exemple un merveilleux foie à la vénitienne. Une escale économique et réconfortante. Sans conteste notre favori du quartier.

Alla Mascareta €€€

Calle Lunga Santa Maria Formosa, 5183
V° San Marco-San Zaccaria ou Ospedale
Tél. 041 523 07 44
Ouvert tous les jours de 19h à 2h
Si vous rêvez d'un tête-à-tête aux chandelles, passez votre chemin. Chez Mauro Lorenzon, le romantisme passe après la rigolade. On y est plutôt accueilli comme un vieil ami convié à la bacchanale du jour. Vigneron, restaurateur, historien du vin, œnologue et chef d'orchestre de l'Association internationale Enoiteche – rassemblement où l'on ne boit pas que de l'eau –, le bougre vous fera passer une soirée haute en couleur, assaisonnée de lampées généreuses. Sa taverne, toujours surpeuplée, l'une des seules à Venise où l'on est servi jusqu'à 2h du matin, propose une "cuisine de *grand-mamma*", comme la présente Mauro : goulasch, pâtes à l'encre de seiche, assiette du pêcheur, et même huîtres de Charente ! Attention à l'addition tout de même : *primi*, *secondi* et desserts vous coûteront autour de 40 €. Et les bons vins et les coupes de *prosecco* maison peuvent rapidement doubler la mise.

--- GIUDECCA

Pronto Pizza €

Fondamenta delle Zitelle, 77 • **V° Zitelle**
Tél. 041 522 19 40
Ouvert midi et soir (horaires parfois un peu fantaisistes !)

Adresse autoproclamée “meilleure pizza de Venise”, ce qui est un peu exagéré, mais pas totalement faux ! Compter entre 5 et 8 € la pizza, 14 € pour le format familial. On la commande à emporter, puis on la déguste au bord de l'eau – sans oublier de faire place nette en repartant, rappelle le maire de Venise, qui peste beaucoup contre les déchets occasionnés par les *take-away* vénitiens.

La Palanca €

Fondamenta di Ponte Piccolo, 448 • **V° Palanca**
Tél. 041 528 77 19
Ouvert du lundi au samedi de 7h à 20h30

Dans ce bar de quartier délicieusement populaire qui propose une petite restauration pas chère à midi (*panini*, *pasta*...), on s'en sort pour une grosse dizaine d'euros. Sympa aussi à l'heure de l'apéro, lorsque le zinc s'anime de discussions politiques hautes en couleur.

Al Redentore €€

Fondamenta San Giacomo • **V° Redentore**
Tél. 041 520 60 96
Ouvert tous les jours, sauf le mercredi

À quelques pas de l'arrêt Redentore, sur une placette en retrait du quai. Avec sa salle séparée en deux – à gauche, le bar, à droite, la salle à manger –, la maison ne paie pas de mine, mais sa terrasse offre un panorama grandiose : vue imprenable sur le ballet des *vaporetti*. Du coup, on s'attend au coup de bambou, mais, surprise ! la pizza champignons-jambon cru, très honnête, est à 6,50 €, les lasagnes du jour à 9 €, la portion de frites à 5 € et l'assiette de poissons frits grimpe péniblement à 14 €. Ajoutez 2 € pour le couvert et le pain, et vous obtenez un repas copieux. Les soirs d'été, sous les étoiles, atmosphère presque romantique.

Mistra

€€

Aera Consorzio Cantieristica Minore, 212a

Vo Redentore ou Palanca

Tél. 041 522 07 43

Ouvert du mercredi au lundi midi

Ce lieu surprenant et bien caché de la Giudecca est idéal à midi, pour son menu économique qui attire les ouvriers des chantiers navals. On s'en tire alors pour 20 €. Le soir, compter près du double pour une carte plus élaborée. Accessible par un grand escalier en fer forgé, le resto se trouve au premier étage d'un entrepôt de brique qui surplombe un chantier. Essayez d'obtenir une table près des fenêtres, pour la vue sur la lagune.

I Figli delle Stelle ♥

€€€

*Fondamenta delle Zitelle, 70 • **Vo Zitelle***

Tél. 041 523 00 04 • www.ifiglidellestelle.it

Ouvert du mardi soir au dimanche midi

Ces “Fils des étoiles” ont vraiment quelque chose en plus. L'accueil et l'emplacement merveilleux sont à la hauteur de la cuisine d'auteur préparée par Luigi, qui vous fera voyager au fil des origines des trois associés à la tête de cette jeune maison : les Pouilles, la Vénétie et le Latium. Le tout dans le souci constant d'utiliser les meilleures AOC de la Botte, comme ces sublimes charcuteries d'Ariccia. La soupe de moules et de clovisse est la spécialité à goûter en entrée. Le risotto du jour change au gré des produits trouvés au marché du Rialto le matin même. On peut aussi déguster la purée de fèves et chicorée sautée, le carpaccio de légumes de Sant'Erasmo, les *orecchiette* fraîches tomate-ricotta, ou le fabuleux carré d'agneau au four. Et la carte est en perpétuel mouvement ! Chouette sélection de vins de petits producteurs transalpins, à des prix qui ne donnent pas la gueule de bois. Le midi, menu aux alentours de 13 €, mais l'endroit convient mieux le soir, pour un dîner d'anthologie à 30-40 € par personne. Si vous avez la chance de décrocher une table au bord de l'eau, sous la Voie lactée, avec l'une des plus belles vues sur Venise, vous ne l'oublierez pas de sitôt.

Espresso, pâtisseries vénitiennes et gelati

Mecque de la gourmandise, la Cité des Doges a toujours consacré une part considérable à la dégustation de sucreries, gâteaux fins et glaces. Les Vénitiens et les Arabes se sont d'ailleurs toujours disputés la paternité du sorbet...
Autrefois, des corporations très puissantes existaient pour chaque spécialité pâtissière. Aussi trouve-t-on, au fil des saisons et des fêtes, près de cent sortes de gâteaux. La ville regorge d'adresses où l'on peut goûter aux *baicoli* (gâteaux secs), aux *bussolai* (biscuits à l'œuf en anneau ou en S), aux *galani* (feuilles de pâte frites et sucrées), aux *zaleti* (biscuit à la farine de maïs), aux *spumilie* (meringues)...
Quant au café, il constitue un rituel matinal incontournable. Debout au comptoir ou assis en terrasse – plus cher –, il faut débuter la journée par un *espresso*. Si les Italiens sont les champions du monde pour sa préparation, les Vénitiens tiennent tout de même le haut du podium national. Il y a encore une quinzaine d'années, la ville comptait des dizaines de torréfacteurs. Aujourd'hui, il n'en reste plus que quelques-uns, mais l'on continue de savourer partout la "noire boisson". N'est-ce pas dans la Sérénissime que l'on ouvrit les premiers cafés d'Europe, dès le XVIIe siècle ?

--- SAN MARCO

Caffè Florian

Piazza San Marco, 56 • ***V° San Marco Vallaresso***
Tél. 041 5205641 • *www.caffeflorian.com*
Ouvert tous les jours de 9h30 à minuit
Lieu de légende, mais prix au diapason. Compter 5,70 € pour déguster un espresso dans le plus célèbre café de Venise, 9 € pour un cappuccino et 8,80 € pour un chocolat. Mais le décor de cet établissement fondé en 1720 vaut la visite à lui seul, c'est pourquoi il est conseillé de s'installer non pas en terrasse – où les prix grimpent encore davantage quand l'orchestre se met à jouer –, mais

dans l'un des minuscules salons, sur une banquette de velours rouge, face à un petit guéridon marbré blanc. Le serveur en costume blanc déposera votre tasse sur un plateau d'argent. Prenez tout votre temps pour savourer. Miroirs au tain rongé par l'air marin, peintures exotiques aux Chinois énigmatiques ou aux négresses dénudées fumant la pipe, dorures patinées et boiseries en acajou : le Florian n'est pas un café, c'est une œuvre d'art. Et aussi un morceau d'histoire : Stendhal, Byron, Colette, Morand ou Proust, on ne compte plus les grandes plumes venues boire leur cappuccino dans ce café littéraire.

Commander un *caffè*

L'espresso en Italie se décline de multiples manières. Beaucoup de Vénitiens le réclament macchiato *(avec un nuage de lait mousseux), mais l'on peut aussi le boire* ristretto *(serré)* ou lungo *(allongé). À moins que vous ne préfériez un* caffelatte *(café allongé avec beaucoup de lait) ou un* latte macchiato *(du lait avec un nuage de café). En hiver, lorsque souffle le vent glacial, le* caffè corretto *("corrigé" avec de la grappa) réchauffe, tandis qu'en été le* caffè freddo, *avec des glaçons, est appréciable. Reste le* cappuccino, *qui se dit souvent* cappucco. *Celui que l'on boit en France est rarement réalisé dans les règles de l'art : le café doit être coiffé d'une mousse de lait à la fois onctueuse et aérienne. Le saupoudrage de chocolat, lui, n'a rien de systématique, mais on peut le réclamer... si l'on veut passer pour un touriste !*

Quadri

Piazza San Marco, 120 (sous les arcades des Procuratie Vecchie)

V° San Marco Vallaresso

Tél. 041 528 92 99 • www.quadrivenice.com

Ouvert tous les jours de 9h à 23h • Fermé le lundi en hiver

L'autre célèbre "boutique de café" de la *piazza*, avec son lot de vedettes, de Wagner à Woody Allen en passant par Gorbatchev, et son passé illustre. Situé en face du Florian, son grand rival, le Quadri s'enorgueillit d'avoir été le premier local à Venise où l'on buvait le café turc. Ce fut aussi le point de ralliement des occupants autrichiens, alors que le Florian restait le bastion des nationalistes italiens. À l'étage, un restaurant hors de prix (environ 100 € par personne) ; au rez-de-chaussée, des salons décorés de stucs, de miroirs et de petites fleurs peintes forment un magnifique théâtre. Aussi chère que les concurrents, la terrasse est la mieux placée de la place Saint-Marc, car elle reste au soleil jusque très tard et offre une vision à 360 degrés. Enchantement garanti en fin d'après-midi, lorsque les derniers rayons illuminent les coupoles de la basilique Saint-Marc et que les flonflons de l'orchestre – moyennant une majoration – vous bercent d'une douce valse.

Caffè Lavena

Piazza San Marco • ***V° San Marco Vallaresso***

Tél. 041 522 40 70 • www.caffelavena.it

Ouvert tous les jours de 9h30 à 0h30, sauf le mardi

Repaire des musiciens depuis toujours – Wagner, Liszt... –, le troisième grand café de la place Saint-Marc, avec le Florian et le Quadri, est réputé pour ses sorbets. Si vous ne voulez pas faire fondre votre portefeuille, évitez bien sûr de vous asseoir en terrasse, mais une glace ou un délicieux chocolat chaud au comptoir restent abordables, le Lavena étant le seul des trois grands établissements de la place à pratiquer un tarif "normal" pour le bar.

Bar All'Angolo

Campo Santo Stefano, 3464
(à l'angle de la Calle delle Botteghe, face à l'église)
V° Sant'Angelo ou San Samuele
Tél. 041 522 07 10
Ouvert du lundi au samedi de 7h à 21h30

Un vrai comptoir de quartier, ce qui est rare à San Marco. Les serveuses survoltées de ce café décoré d'un mur d'eau très kitsch et de photos de la ville accueillent d'un *"Ciao ragazzi !"* ("Salut les gars !") tous ceux qui entrent, qu'il s'agisse des livreurs, des éboueurs, des antiquaires de la rue voisine ou des touristes. Idéal pour un espresso vraiment express, à boire debout en savourant la vitalité des matins vénitiens – non, Venise n'est pas qu'une belle endormie ! Goûtez aussi les succulentes brioches fourrées au Nutella et les *tramezzini*.

Gelateria Paolin

Campo Santo Stefano, 2962 • **V° Sant'Angelo ou San Samuele**
Tél. 041 522 55 76
Ouvert tous les jours de 7h à 21h

C'est l'adresse ensoleillée où l'on se pose quand on a le temps. Point de ralliement des Vénitiens pour l'apéro (voir p. 113), cette institution sert non seulement de très bonnes glaces, mais prépare en outre le cappuccino le plus romantique de la ville (3,60 €). Regardez votre tasse tout juste posée devant vous : la mousse de lait, onctueuse à souhait, dessine un cœur blanc au sommet du café ! Pour un clin d'œil après une nuit de noces, il n'y a pas mieux, non ?

--- DORSODURO

Lo Squero

Fondamenta Nani, 990 (au bord du Rio di San Trovaso)

V° Accademia ou Zattere

Ouvert tous les jours de 11h à 21h, jusqu'à 23h en été

Les fins palais, qui n'ont que cette adresse à la bouche, ne viennent que pour une chose : la glace à la pistache. Vous n'en dégusterez pas de meilleure. La matière première, importée tout droit de Sicile par les pistachiers, est broyée pour former une pâte brunâtre, puis délicatement mélangée à une crème onctueuse. Rien de plus. La teneur en pistache est impressionnante, presque étouffante pour les non-initiés. Si c'est votre première fois, mieux vaut opter pour une petite portion, que vous associerez à une crème glacée aux pignons de pin ou au chocolat, deux autres parfums dans lesquels la maison excelle.

Gelateria Nico

Fondamenta delle Zattere, 922 • **V° Zattere**

Tél. 041 522 52 93

Ouvert tous les jours de 7h à 22h, jusqu'à 23h30 en été

Avec sa terrasse sur pilotis en plein soleil, ce café a pignon sur quai depuis des années. À vrai dire, avec une telle vue sur la Giudecca, on ne connaît pas de position plus paradisiaque. Très bonnes glaces sur place ou à emporter, en particulier le citron et le *gianduiotto*, chocolat et noisette mélangés et nappés de chantilly. Pour le reste, sans jeu de mots, l'accueil est glacial.

Il Doge

Campo Santa Margherita, 3058 • **V° Ca' Rezzonico ou San Tomà**

Tél. 041 523 46 07

Ouvert tous les jours de 10h30 à minuit, jusqu'à 2h en été

Cette échoppe abrite le glacier le plus attrayant de la place. Tarifs toujours un peu moins chers qu'ailleurs, fabrication artisanale, service souriant et surtout très patient. Car la liste des parfums est longue, très longue, interminable...

--- SAN POLO

Millevoglie

Salizzada San Rocco, 3033 • **V° San Tomà**

Tél. 041 52 44 667

Ouvert tous les jours de 10h à 22h, jusqu'à minuit en été

Juste derrière les Frari, en allant vers la Scuola Grande di San Rocco, une vitrine donnant sur la rue, une vingtaine de parfums et des portions XXL. Vu le débit, les glaces sont de toute première fraîcheur ! Mentions spéciales pour la vanille, et l'hypercalorique mais succulente *crema del Doge*, une glace à la crème pâtissière entrelacée de chocolat.

Dersut Caffè

Campo dei Frari, 3014 (à l'angle de la Calle Prima) • **V° San Tomà**

Tél. 041 303 21 59 • *www.dersut.it*

Ouvert tous les jours de 7h à 19h

Un long comptoir, quelques tables, un bar à jus de fruits et quelques bonnes pâtisseries. Tenu par la même famille depuis trois générations, ce café né en 1949 à Conegliano, près de Trévise, décline aujourd'hui une cinquantaine de bars-boutiques à travers la Vénétie. C'est un bon endroit pour acheter son paquet de vrai grain italien, mais aussi pour le déguster. Avis aux vrais amateurs : le café servi chez Dersut est un poil plus corsé qu'ailleurs. Pour l'adoucir, demandez-le *macchiato* (avec un nuage de lait).

Caffè del Doge

Calle dei Cinque, 609 • **Vº San Silvestro ou Rialto**

Tél. 041 520 47 14 • *www.caffedeldoge.com*

Ouvert du lundi au samedi de 7h à 19h, le dimanche de 7h à 13h

Voici un petit café parfois un peu envahi par les touristes, mais idéal tôt le matin, avant d'attaquer la visite du marché du Rialto. Les meilleurs crus sont servis dans les règles de l'art. On aime aussi les mélanges "Dogo rosso" et "Dogo nero". Également, des jus de fruits frais et de succulents chocolats chauds, servis plus ou moins épais selon votre goût. Le logo écarlate de cette jeune maison reprend la coiffe des doges. Pour un souvenir original, on peut repartir avec une tasse ou un bol à cette effigie.

Pasticceria Rizzardini ♥

Campiello dei Meloni, 1415 • **Vº San Silvestro**

Tél. 041 522 38 35

Ouvert tous les jours, sauf le mardi

Incontournable. Le décor suranné donne l'impression de pénétrer dans le musée officiel de la pâtisserie vénitienne, et pour cause : la Pasticceria Rizzardini existe depuis 1742 ! Chaque sucrerie raconte un morceau de l'histoire gourmande de la cité. Il vous faudra plusieurs haltes pour découvrir le *marzapan*, la tarte mandorle, aux amandes, le *moro* au chocolat, aux amandes et aux écorces d'orange, le *pan del Doge*, une sorte de mendiant, le tiramisu, l'excellentissime gâteau à la ricotta, ou encore le *zabaion*, un prodigieux sabayon au marsala.

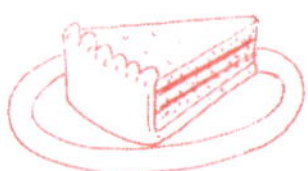

--- SANTA CROCE

Alaska Gelateria-Sorbetteria

Calle Larga dei Bari, 1159 • **V° Riva di Biasio**

Tél. 041 715 211

Ouvert tous les jours de 11h à 23h (mais horaires parfois fantaisistes !)

Fermé en décembre et janvier

Avouons-le, le truculent Carlo Pistacchi est notre chouchou. Mais nous ne sommes pas les seuls, puisque tout Venise vénère ce génialissime glacier, qui a en outre le bon goût de servir la boule à 1,20 €. S'arrêter devant sa façade bariolée est donc presque aussi important que visiter le musée de l'Académie ou monter dans le Campanile ! Dans son échoppe pas plus grande qu'une boîte à gants et décorée comme une case de la Jamaïque, la pause glace se transforme en aventure gustative : en plus des parfums traditionnels – *gelato al limone* à se damner –, Carlo joue la surprise avec des parfums "primeurs" : carotte, gingembre, artichaut, asperge... Sceptique ? Jetez un coup d'œil aux innombrables coupures de presses le concernant. Carlo apparaît même dans l'un des romans policiers de la célèbre Dona Leon, l'écrivain qui situe toutes ses intrigues dans la Sérénissime.

--- CANNAREGIO

Caffè Costa Rica

Rio Terà San Leonardo, 1337 • **V° Guglie ou San Marcuola**

Tél. 041 716 371

Ouvert du lundi au samedi

Le meilleur café d'Italie – oui, oui – est ici. Sacs en toile de jute en provenance des antipodes, sifflement du percolateur, parfums de caramel et de noisettes grillées qui envahissent la rue, cette petite boutique de quelques mètres carrés au décor délicieusement rétro est l'un des derniers torréfacteurs en ville. On y sert le "Caffè della sposa", mélange de huit crus d'arabica, serré, concentré en saveur et d'une infinie longueur en bouche. Les amateurs du petit noir seront aux anges. Sans parler de l'atmosphère populaire : le matin, les tasses se remplissent et se vident à la chaîne. Café à 0,90 €, cappuccino à 1,30 €. Pour les mordus, l'abonnement est à 8 € les 10 *espressi*. On peut aussi repartir avec son sachet de café en grains ou moulu : de 1,50 € à 4 € les 100 g, selon la plantation.

--- CASTELLO

Boutique del Gelato

Salizada San Lio, 5727 • ***V° Rialto***

Ouvert tous les jours de 10h30 à 20h30

Fermé en décembre et janvier

Arrêt plus que conseillé si vous vous baladez du côté du Campo Santa Maria Formosa ou entre la place Saint-Marc et le pont du Rialto, mais pas facile à trouver. Dans la Salizada San Lio, cherchez l'enseigne "Hotel Bruno", ou bien fiez-vous à la foule qui fait la queue. Cette boutique est considérée par les locaux comme l'un des meilleurs glaciers de Venise pour une raison au moins : le remplissage du cornet ! Les serveuses ont vraiment la spatule généreuse.

Rosa Salva

Campo Santi Giovanni e Paolo, 6779 • ***V° Ospedale***

Tél. 041 522 79 49 • www.rosasalva.it

Ouvert tous les jours

Si vous avez le temps pour un goûter dans le quartier de Santi Giovanni e Paolo, allez chez Rosa Salva. Une boutique à l'ancienne, comme dans un film muet du début du siècle, avec comptoir de marbre, percolateur rutilant, bonbonnes de verre remplies de gâteaux secs... et une gérante aux manières d'aristocrate. Les Vénitiens commandent ici leur gâteau du dimanche depuis 1879. La maison est aussi le grand traiteur de la ville. Goûtez en particulier les *budini* (flans semoule, raisin et vanille). Attention, on devient vite accro ! Une autre boutique se trouve dans le *sestiere* San Marco (Calle Fiubera, 951. V° San Marco Vallaresso).

Venise

Sortir et boire un verre

Bâtie sur l'eau, Venise est une ville dénuée de caves : on ne s'embête donc pas à garder le vin, on le boit, raconte une vieille blague locale. Les petits bars à vin ont toujours fait partie de l'ADN de cette ville de navigateurs, et le *giro di ombre* ("la tournée des bistrots") reste une activité bien vivante. Pourtant, ces dernières années, de nombreux établissements ont fermé leurs portes. Autant l'avouer : ayant perdu la moitié de sa population en cinquante ans, la ville ne bouge plus beaucoup la nuit. Alors que les comptoirs et les terrasses sont pris d'assaut dès 18h pour l'apéro, certains quartiers deviennent incroyablement silencieux dès 22h. Quant aux discothèques, ne cherchez pas : elles sont au Lido et fonctionnent plutôt à la belle saison – mais vient-on vraiment à Venise pour sortir en boîte ? Deux zones restent toutefois animées jusque tard : le Campo Santa Margherita, à Dorsoduro, et le marché du Rialto, à San Polo. C'est là qu'il faut tremper les lèvres au moins une fois dans un *spritz*, le cocktail favori des Vénitiens.

Où boire un verre ?

--- SAN MARCO

Florian, Lavena et Quadri

Piazza San Marco • ***V° San Marco Vallaresso***

Ouvert jusqu'à minuit environ

Prosecco ou spritz : 12-15 €

Les terrasses de ces trois cafés, les plus célèbres de la ville (voir aussi p. 100 et 102), sont évidemment des coins de rêve pour siroter un apéro avec vue sur la basilique Saint-Marc et le Campanile. On peut y rester des heures à se laisser bercer par l'animation de ce qui est tout de même, reconnaissons-le, la place la plus fascinante du monde. Les tarifs sont élevés (12-15 € le verre) et grimpent encore en fin d'après-midi, dès que l'orchestre se met à jouer, avec une majoration sur la première consommation. Attrape-touristes ou incontournable tradition vénitienne ? À vous de juger.

À l'heure de l'*ombra*...

*Le rituel de l'*ombra*, l'apéro vénitien, trouve ses origines au XIVe siècle, quand les marchands ambulants servaient leur vin sur les* campi. *Pour garder leurs réserves au frais, les vendeurs de la place Saint-Marc s'installaient à l'ombre du Campanile, puis tournaient autour du bâtiment en fonction de la course du soleil, de façon à boire toujours* all'ombra *("à l'ombre"). Aujourdhui, le terme* ombra *désigne tout à la fois un petit verre de vin et le fait de boire un coup. L'*ombra *débute généralement vers 18h.*

Aurora Caffè

Piazza San Marco, 50 • ***Vo San Marco Vallaresso***
Tél. 041 528 64 05 • www.aurora.st
Ouvert du mardi au dimanche
Bière : 4 €

Une alternative aux trois mastodontes de la place Saint-Marc. Ce petit bistrot à peine visible se cache sous les Procuratie, juste à gauche du Florian en allant vers le Campanile. De jour, les prix restent élevés, mais le soir une association culturelle prend le relais. Sa philosophie est de ramener les Vénitiens sur la Piazza pour lui redonner son âme. Du coup, à partir de 20h et jusqu'à 2h, les tarifs deviennent presque identiques à ceux des autres bistrots de la ville. Une bière à 4 € ou un cocktail à 7-8 € sur la plus belle place au monde ? Les jeunes Vénitiens ne ratent pas ce genre d'aubaine ! D'autant que, toute l'année, la programmation musicale est pointue. La fine équipe tient aussi l'Aurora Beach Club, une plage-dancing du côté du Lido ouverte de mai à septembre.

Harry's Bar

Calle Vallaresso, 1323 • V° San Marco Vallaresso
Tél. 041 528 57 77
Ouvert tous les jours de 10h30 à 23h
Cocktail : de 10 à 16 €

En théorie, impossible de faire l'impasse sur ce lieu mythique ouvert en 1931 par Giuseppe Cipriani : de Hemingway à George Clooney en passant par Ava Gardner, toutes les stars y sont passées. Mais, honnêtement, on se demande si la dépense vaut encore le coup. Certes, le Bellini, célèbre cocktail maison à base de jus de pêche, est bon. Mais l'atmosphère semble s'être évaporée, et le lieu accueille beaucoup de touristes américains en pèlerinage, venus surtout offrir un cocktail à... leur caméscope.

Centrale

Piscina Frezzeria, 1659 • V° San Marco
Tél. 041 296 06 64 • www.centrale-lounge.com
Ouvert tous les jours de 18h30 à 2h
Verre de vin : 8 €

Pause branchée au Centrale dès 18h30, le bar lounge où il faut se montrer. Murs de brique, fauteuils de cuir noir, bar lumineux : on se croirait à New York. C'est plus cher qu'ailleurs, un peu prétentieux, mais la musique est agréable et le lieu change du style “taverne” habituel. Les plus frimeurs peuvent débarquer en bateau-taxi, une porte discrète ouvrant directement sur le canal. Parmi les clients réguliers, Paris Hilton, David Guetta, Spike Lee ou Juliette Binoche ont-ils succombé à ce petit plaisir ? Bondé durant la Biennale d'art contemporain ou la Mostra, l'endroit fait aussi “lounge restaurant”, mais attention : tarifs en surchauffe !

Gelateria Paolin ❤

*Campo Santo Stefano, 2962 • **V° Sant'Angelo ou San Samuele***
Tél. 041 522 55 76
Ouvert tous les jours de 7h à 21h
Spritz : 4 €

Dans ce quartier très touristique, c'est ici que se réfugient dès 18h les aficionados du *spritz*. Il faut dire que la terrasse est aux premières loges pour voir et être vu, tout en se laissant bercer par le va-et-vient qui anime la place la plus élégante de Venise. Les serveurs, qui ont toujours un petit mot gentil, servent le *spritz* dans un grand verre. Et si vous voulez le goûter dans sa version "bitter", c'est-à-dire avec du Campari, c'est le meilleur endroit.

Spritz : "Aperol o Campari ?"

Ce cocktail rouge, avec sa rondelle de citron et son olive verte piquée sur un bâtonnet de bois, est l'apéritif local par excellence. Son nom rappelle pourtant le mauvais souvenir de l'occupation autrichienne au début du XIXe siècle. Les soldats calmaient le puissant vin italien en l'allongeant avec de l'eau, et de cette habitude est née la recette suivante : dans un verre avec glaçons, un tiers de vin blanc, un tiers d'Aperol ou de Campari, un tiers d'eau pétillante. Au moment de la commande, le serveur vous demandera : "Aperol o Campari ?" Si vous aimez les cocktails plutôt sucrés, choisissez le premier ; si vous les préférez amers, prenez le second.

--- DORSODURO

El Chioschetto

Fondamenta delle Zattere, 1406a • **Vº Zattere**
Ouvert tous les jours jusqu'à 2h (s'il fait beau !)
Spritz : 3 €

Ce kiosque posé sur les Zattere déploie ses chaises et ses parasols au bord de l'eau. En fin de journée, c'est un emplacement de rêve pour admirer le coucher de soleil sur le canal de la Giudecca. Les tarifs raisonnables attirent une clientèle jeune et bohème. À la belle saison, musique *live* de 18h à 21h les mercredis et dimanches.

Cantinone Già Schiavi ♥

Ponte San Trovaso, Fondamenta Nani, 992 • **Vº Zattere**
Tél. 041 523 00 34
Ouvert du lundi au samedi
Verre de vin : 4-5 € • Cicchetti : 2-4 €

On ne présente plus cette institution. Situé sur la rive opposée du Squero di San Trovaso (atelier de réparation des gondoles), ce *bacaro* n'a pas changé sa déco depuis le XIXe siècle. Les clients ont des airs de professeur de philo ou de retraité anglais, dans une ambiance joyeuse et décontractée. La gentillesse des propriétaires y est pour beaucoup. On se poste au comptoir ou dehors, accoudé sur le pont, après avoir choisi les *cicchetti* créatifs de *mamma* Alessandra, de petites tartines faites avec amour – sauce tartare et cacao amer, thon et poireau haché… – qui font courir la ville depuis des décennies et accompagnent à merveille un verre de Soave frais. Ce bar fait aussi détaillant de bonnes bouteilles.

Il Caffè Rosso

Campo Santa Magherita, 2963 • **Vº Ca' Rezzonico**
Tél. 041 528 79 98
Ouvert du lundi au samedi de 7h à 1h • Spritz : 2,20 €

De tous les cafés du *campo* le plus effervescent de la ville, c'est *le* spot pour boire des coups jusque tard. Le soir, attendez-vous à siroter vos premiers verres debout, à l'extérieur, face à la devanture écarlate. Pas facile en effet de décrocher une table en terrasse, encore moins de s'installer près du vieux piano à l'intérieur. Car le "Café rouge" attire comme un aimant : étudiants, profs, artistes, bobos, mannequins, photographes... Rien de guindé pour autant, le service est "à la cool" et les *spritz*, pas chers, sont servis dans des verres en plastique lorsque la vaisselle vient à manquer. On s'y sent bien tout de suite.

Café Noir

Calle Crosera, 3805 • ***V° Ca' Rezzonico***

Tél. 041 171 09 25

Ouvert tous les jours jusqu'à 2h

Spritz ou verre de vin : 3 €

Pas mal d'étudiants, dans une ambiance décontractée. Souvent, des concerts ont lieu en fin de semaine, et il faut parfois jouer des coudes pour être servi. On peut aussi se rendre au Caffè Blue, à quelques pas dans la même rue, où l'on sert surtout de la bière.

--- SAN POLO

Bacaro Al Marca ♥

Campo Bella Vienna, 213 • ***V° Rialto***

Tél. 393 992 47 81

Ouvert du lundi au samedi de 9h à 15h et de 18h à 22h30

Verre de vin : 1,50-3,50 €

Ici, dans ce lieu de rencontre des jeunes à l'heure de l'apéro, la pompe à vin ne risque pas de rouiller ! Il faut dire que les trois gérants savent créer l'ambiance et proposent des prix tout doux. Le week-end, dès 19h, l'endroit grouille de monde. Quel endroit ? Vous ne voyez pas, et c'est normal : en réalité, c'est la place elle-même que la clientèle envahit bruyamment, puisque Al Marca est un simple comptoir ouvert sur le trottoir.

Muro Vino e Cucina
Campo Cesare Battisti, 222 • **Vº Rialto**
Tél. 041 523 74 95
Ouvert de 9h à 15h et de 17h à 2h
Spritz : 3 €
Incontournable, ce bar avec restaurant à l'étage, dont le patron a un sens inné de la fête, est à l'origine du réveil de la zone du Rialto. Comme c'est souvent bondé dès 18h, on boit le *spritz* debout, en discutant. En fin de semaine, une bonne partie du *campo* est occupée par la clientèle.

--- SANTA CROCE

Al Prosecco
Campo San Giacomo dell'Orio, 1503 • **Vº San Stae**
Tél. 041 524 02 22
Ouvert du lundi au samedi
Verre de vin : 4-5 €
Cette maison, qui propose des vins du monde entier, est très agréable à l'heure de l'apéro pour une coupe de *prosecco* en terrasse. Les gamins courent et s'arrosent à la fontaine, des voisins papotent sous les platanes… Si la terrasse est pleine, traversez la place pour vous asseoir au Bagolo, qui offre une vue tout aussi délicieuse.

--- CANNAREGIO

Paradiso Perduto
Fondamenta della Misericordia, 2540 • **Vº San Marcuola**
Tél. 041 172 05 81
Ouvert du mardi au dimanche de 11h à 15h et de 18h à 2h
Spritz ou verre de vin : 4-6 €
Voici l'un des hauts lieux de la vie nocturne de Cannaregio. Dans cette grande salle décorée de bric et de broc sont disposées des tables communes autour desquelles chacun discute. On y mange mal, mais musique *live* et ambiance conviviale jusqu'à 2h !

Un Mondo DiVino

Salizzada San Canciano, 5984a • **Vº Ca' d'Oro**
Tél. 041 521 10 93
Ouvert tous les jours jusqu'à 22h
Verre de vin : 4-5 €
Grâce à ses tarifs raisonnables, ce bar à vin installé dans une ancienne boucherie aimante une joyeuse clientèle d'aficionados. Le vin, proposé au verre, est accompagné de très bons *cicchetti*. On peut aussi repartir avec une bonne bouteille.

Al Timon

Fondamenta degli Ormesini, 2754 • **Vº San Marcuola**
Tél. 041 524 60 66
Ouvert tous les jours de 11h à 1h, sauf le mercredi
Verre de vin : 3-5 €
Tout près du Ghetto, ce troquet tenu par une équipe jeune a su se tailler une bonne réputation en quelques années. Des bons *cicchetti* accompagnent le verre de vin ou de *prosecco*. La terrasse sur la *fondamenta* est très agréable. On peut aussi y dîner.

--- CASTELLO

Zanzibar

Campo Santa Maria Formosa
Vº Rialto ou San Marco-San Zaccaria
Ouvert tous les jours jusqu'à 2h
Spritz : 3 €
Le Zanzibar n'existe pas... ou si peu. Avec ses quelques tables sous les étoiles, ce kiosque posé face à l'église Santa Maria Formosa est un lieu de rendez-vous apprécié des gens du quartier. Le *spritz* est servi en express et avec le sourire jusqu'à 2h – sauf quand la pluie vient interrompre la fête.

Alla Mascareta

Calle Lunga Santa Maria Formosa, 5183
V° San Marco-San Zaccaria ou Ospedale
Tél. 041 523 07 44
Ouvert tous les jours de 19h à 2h
Verre de vin : 5-7 €

Comme cette *enoteca* ferme à 2h, les noctambules qui veulent boire un dernier verre dans le coin rappliquent souvent, et Mauro Lorenzon, l'ineffable patron, les accueille toujours avec une bonne bouteille. Ambiance festive.

Concerts classiques

Dans la ville où fut inventé l'opéra et où Vivaldi passa sa vie à travailler, les occasions d'écouter de la musique sont nombreuses. À l'entrée de certaines églises, vous repérerez rapidement ces ensembles de musiciens en costume du XVIIIe siècle qui proposent tous les soirs les mêmes prestations sans originalité – *Les Quatre Saisons* à tous les coups ! Préférez les concerts ponctuels organisés par de petites troupes, parfois dans l'église San Salvador ou dans les Scuole di Carmini (Dorsoduro) ou di San Giovanni Evangelista (San Polo), ou encore dans des palais comme la Ca' Rezzonico. Renseignements à l'office de tourisme, dans le magazine *Ospite di Venezia* ou sur le site www.classictic.com.

--- SAN MARCO

Teatro La Fenice

Campo San Fantin, 1977 • ***V° Giglio ou Sant'Angelo***
Tél. 041 24 24 • *www.teatrolafenice.it*

On ne présente plus le grand opéra de Venise, rouvert en 2003 après avoir été détruit presque intégralement par le troisième incendie de son histoire, en 1996. L'édifice accueille des productions exceptionnelles, avec les plus grands chanteurs et chefs d'orchestre de la planète. Les meilleures places étant souvent vendues des mois à l'avance, le mieux est de tenter sa chance en se présentant directement aux guichets de vente dans la journée : il reste parfois quelques strapontins. Il est possible également de visiter les lieux.

Interpreti Veneziani

Chiesa di San Vidal, 2862b (Campo Santa Stefano) • **Vo Accademia**
Tél. 041 277 05 61 • www.interpretiveneziani.com
Tarif : 25 € • Tarif réduit : 22 €
Prestations touristiques, certes, mais d'excellente qualité. Depuis 1987, cette troupe donne quelque 200 concerts par an dans cette église à l'acoustique parfaite. Au menu, une grosse louche de Vivaldi, une bonne rasade de maestros italiens, un soupçon de Bach, de Mozart et de Haendel. Les concerts ont lieu toute l'année sauf au mois de novembre, à 20h30 ou 21h.

Musica a Palazzo

Fondamenta Barbarigo, 2504 • **Vo Giglio**
Tél. 340 971 72 72 • www.musicapalazzo.com
Représentation tous les soirs à 20h30
Tarif : 40 €
Pénétrez dans ce palais vénitien pour une soirée de *bel canto* à la fois kitsch et savoureuse. Au programme, les grands airs de l'opéra italien : *La Traviata* de Verdi les mardis, jeudis et dimanches, *Le Barbier de Séville* de Rossini les mercredis et samedis, et les grands duos d'amour du répertoire les lundis et vendredis. Chanteurs en costume, voix flamboyantes, décors somptueux : le spectateur ébloui change de pièce à chaque acte et a rapidement l'impression de faire partie du jeu.

--- SAN POLO

Palazzetto Bru Zane

Campiello del Forner o del Marangon, 2368 • **V° San Tomà**

Tél. 041 521 10 05 • www.bru-zane.com

Tarif : 25 € • Tarif réduit : 15 €

Construit entre 1695 et 1697, le casino Zane était à l'origine le lieu de divertissement du palais Zane voisin. Dédié à la musique depuis ses débuts, il était réputé pour son acoustique. Restauré récemment par la Française Nicole Bru, il abrite désormais le Centre de la musique romantique française. Des concerts sont organisés toute l'année dans ce décor magique, mais aussi dans deux autres lieux prestigieux, la Scuola Grande di San Rocco et la Scuola Grande di San Giovanni di Evangelista. À ne pas manquer.

--- CASTELLO

Centro culturale Palazzo Cavagnis

Calle Lunga Santa Maria Formosa, 5170 • **V° Rialto**

Tél. 041 523 97 45 • www.foresteriavenezia.it

Auberge de jeunesse (voir p. 51), ce palais est aussi un centre culturel. Des concerts de musique classique de bonne qualité sont organisés toute l'année, à raison de un ou deux soirs par mois.

Cinéma en plein air

Un'Estate al Cinema

Arena di Campo San Polo • **V° San Silvestro**

Tél. 041 524 13 20

De juin à septembre • Séance : 8 € environ

En été, même si vous ne comprenez rien à la langue de Dante, se faire une toile au Campo San Polo est une expérience à vivre. Sur ce grand *campo*, la toile blanche accueille un film différent chaque soir, pour une programmation variée et de qualité variable. Atmosphère à la *Cinema Paradiso*, avec écho sur les façades, moustiques et ciel étoilé.

Venise

Découvrir

Bienvenue à bord du “poisson vénitien”, ce curieux animal amarré à la lagune par des millions de pieux en bois qui soutiennent chaque bâtiment. La magie de la ville naît de sa formidable harmonie architecturale : nulle part ailleurs on n’a autant l’impression de se plonger au cœur d’une cité d’art et d’histoire si parfaitement intacte. Outre ce décor de rêve, les musées constituent l’autre grande richesse de Venise, tout comme les églises *(chiese)*, dont beaucoup sont les testaments picturaux des grands peintres de la Renaissance vénitienne.

Depuis quelques années, grâce à l’art et à la culture, Venise se réveille et se métamorphose. Avec seulement 60 000 habitants permanents, mais 20 millions de visiteurs chaque année, la ville est en mesure de rivaliser, en matière d’offres culturelles, avec nombre de grandes métropoles européennes.

Pour les cartes de réduction permettant de visiter les musées à moindre coût, voir p. 15.

--- SAN MARCO

Édifices majestueux, gondoles alignées comme à la parade, églises et musées aux collections fascinantes, pigeons et touristes jouant à cache-cache... Le *sestiere* de San Marco est le centre historique et touristique de la Sérénissime. C’est ici que les touristes convergent et, disons-le, s’agglutinent à certaines périodes de l’année – contribuant ainsi, suppose-t-on, à l’enfoncement du sol. Bref, le cœur encore bien battant de Venise concentre le meilleur et le pire. Dans les Mercerie notamment, ces quelques ruelles encombrées – à éviter au maximum – qui relient le pont du Rialto et la place Saint-Marc, Venise prend des allures horripilantes de Disneyland culturel. Ailleurs, curieusement, la magie opère toujours, à condition de savoir éviter la foule et les attrape-touristes.

Saint-Marc : un billet pour quatre musées

Pour une visite du palais des Doges, du musée Correr, du Musée archéologique ou de la bibliothèque Marciana, un seul billet est en vente, valable trois mois : la Museum Card (12 €). Autrement dit, même si vous ne visitez qu'un seul des quatre lieux, vous n'avez pas le choix : c'est le même prix ! L'avantage est que, une fois votre ticket en main, vous ne ferez pas la queue. L'astuce consiste donc à acheter son ticket ailleurs qu'au palais des Doges, souvent bondé, en vous rendant au musée Correr, par exemple, bien moins fréquenté.
Autre solution pour visiter les musées de la place Saint-Marc : le Museum Pass *(voir p. 15)**.*

• LES INCONTOURNABLES

Campanile

Piazza San Marco
Tél. 041 522 40 64
Ouvert tous les jours de 9h à 16h45 en hiver, jusqu'à 21h en été
Accès : 8 €
Idéalement, c'est le premier édifice qu'il faudrait visiter sitôt arrivé à Venise : il n'y a pas mieux pour se faire une idée de la topographie. Prenez vos jumelles : *altana* (terrasses de bois installées sur les toits), cheminées évasées, forêt de clochers et de campaniles, îles lointaines, montagnes enneigées au loin… Il y a tant de petits détails à repérer ! La montée se fait en ascenseur. De là-haut (98 m), la vue exceptionnelle vaut bien quelques minutes d'attente. Sachez que l'accès est plus aisé l'été en début de soirée, ou alors tôt le matin, en arrivant un peu avant l'ouverture. S'il y a trop de monde, vous vivrez des sensations comparables au campanile de San Giorgio Maggiore (voir p. 140).
Édifié au IXe siècle sur les fondations d'une tour de guet, le Campanile prit de la hauteur au fil des siècles… mais il fallut le reconstruire

intégralement après son effondrement soudain, le 14 juillet 1902. Ce travail colossal réclama neuf années de chantier et 1 204 000 briques. Les cinq cloches, brisées puis refondues, rythment encore la ville. D'ailleurs, les oreilles sensibles éviteront de se retrouver là-haut, notamment sur les coups de 9h, 12h, 14h et 18h30 !

Piazza San Marco

V° San Marco Vallaresso ou San Marco-San Zaccaria

Incarnation de la richesse de Venise, théâtre permanent de la vie publique, la place la plus célèbre du monde est la seule à porter le titre de *piazza* : toutes les autres places de la ville se nomment *campo*, façon de marquer leur infériorité, mais aussi parce qu'elles étaient jadis souvent couvertes d'herbe. La Piazza elle-même était à l'origine en partie recouverte d'un grand potager et d'arbres. À mi-hauteur, elle était traversée par un canal.

Aujourd'hui, elle forme un grand trapèze de 175 m de long, de 82 m de large du côté de la Basilique et de 57 m du côté opposé. Sur trois côtés, elle est entourée des **Procuratie**, bâtiments qui abritaient autrefois l'administration et les logements des plus hauts magistrats de la République. Presque en face du **Campanile** se trouve la **tour de l'Horloge**. Le dallage de la Piazza est encadré de bandes blanches aux dessins géométriques, qui délimitaient autrefois les emplacements réservés aux corporations lors du marché.

Une fois au pied de la **basilique Saint-Marc**, un espace s'ouvre sur la droite, à la perpendiculaire de la place : il s'agit de la **Piazzetta**. Délimitée par la façade du **palais des Doges** et celle de la **bibliothèque Marciana**, cette seconde place dessine une perspective parfaite sur le bassin de Saint-Marc, avec, pour toile de fond, la lagune, le ballet permanent des bateaux et l'île majestueuse de San Giorgio Maggiore. Avis aux photographes : la lumière est magique au crépuscule.

Basilica di San Marco

Piazza San Marco
V° San Marco Vallaresso ou San Marco-San Zaccaria
Tél. 041 522 52 05 • www.basilicasanmarco.it
Entrée libre, sauf certaines zones
Ouvert du lundi au samedi de 9h45 à 17h (16h en hiver), le dimanche de 14h à 17h

Avant l'édifice actuel se tenait à cet emplacement une autre basilique qui abritait les restes du corps de l'évangéliste Marc, rapportés d'Alexandrie en 828 par Rustico et Buono, deux marchands vénitiens missionnés par le doge Partecipazio. Pour la petite histoire, ceux-ci cachèrent la précieuse momie dans de la viande de porc afin de décourager les contrôles musulmans.
La visite de l'intérieur de la basilique vous en mettra plein la vue. Pour éviter de faire la queue trop longtemps, mieux vaut s'y rendre tôt le matin, un peu avant l'ouverture. L'intérieur est illuminé chaque jour de la semaine vers 11h30, et généralement toute la journée pendant le week-end, ce qui rend plus fascinant encore le plafond en mosaïques d'or. Important : avant de faire la queue, pensez à déposer le moindre de vos sacs, même le plus petit, à la consigne gratuite (ouverte dès 9h30) située dans l'église San Basso, dans une ruelle à gauche de la basilique.
Consacrée en 1094, la basilique d'origine était en brique, avant de "s'habiller" progressivement, jusqu'au XVe siècle, d'un incroyable patchwork de matériaux et d'ornements, fruit des nombreux butins rapportés de conquêtes, de voyages commerciaux ou de croisades. Son architecture est byzantine, comme en témoigne son plan en croix, mais s'y ajoutent des influences gothiques, lombardes, françaises, allemandes et orientales. La **façade** présente cinq grandes arcades ornées de mosaïques et soutenues par des colonnes en marbres de différentes couleurs. À l'étage, sur la terrasse, se dressent **quatre chevaux de bronze**, volés par les Croisés dans l'hippodrome de Constantinople. Bonaparte s'en empara en 1797 pour les installer au sommet de l'arc du Carrousel à Paris, puis le trophée reprit place au sommet de la loggia en 1815.

Une fois **à l'intérieur**, prenez le temps d'admirer l'extraordinaire décoration de "l'église d'or" – pour cela, l'idéal est d'emporter sa paire de jumelles. Le sol en marbre fait immanquablement songer à un immense tapis oriental, tandis que, des murs au plafond, quelque 9 000 m² de mosaïques forment une grande Bible illustrée. Le narthex, le premier hall en entrant, raconte l'Ancien Testament : à vous de repérer le récit de la Genèse, à lire dans le sens des aiguilles d'une montre, puis le Déluge, le Paradis, l'histoire d'Abraham, de Joseph, et enfin celle de Moïse. Dans la nef, la grande coupole a pour thème l'ascension du Christ. Derrière l'autel, l'accès à la Pala d'Oro est payant (2 €). Ce retable du XIVe siècle, l'un des plus riches ouvrages d'orfèvrerie au monde, resplendit de plus de 3 000 pierres précieuses.
Après ce premier tour, n'hésitez pas à sortir de nouveau votre portefeuille (4 €) pour monter dans la **galerie supérieure** (l'accès se fait à droite de l'entrée par un escalier étroit). Curieusement, même en pleine saison, la foule ne s'y presse pas. C'est pourtant le clou du spectacle ! Une première salle détaille les étapes de la transformation de l'édifice et le travail fou des mosaïstes, puis on accède à un balcon intérieur d'où la vue sur les plafonds et sur le pavement est époustouflante. De la terrasse extérieure, panaroma inoubliable sur la Piazza. C'est de ce balcon sur la ville que le doge assistait aux fêtes et aux cérémonies.
Ensuite, explorez le **musée Marciano** qui prolonge la galerie de l'étage : ce parcours génial, au plus près des voûtes, permet d'admirer les mosaïques, puis quelques salles riches de somptueuses tapisseries. Enfin, sachez que c'est ici que sont exposés, à l'abri de la pollution, les vrais chevaux de Saint-Marc. Eh oui ! Ceux qui trônent à l'extérieur sont des faux !

Piazzetta San Marco

V° San Marco Vallaresso ou San Marco-San Zaccaria

Léchée par les vagues, la Piazzetta est la première à être noyée en cas d'*acqua alta* car elle se trouve au niveau le plus bas de tout Venise. Près de l'eau, deux grandes colonnes de granit se dressent depuis 1172. Il aurait dû y en avoir trois, mais l'une d'elle tomba dans le bassin au moment du déchargement, sans qu'on parvienne à la récupérer... Sur l'une des colonnes figure saint Marc, représenté en lion ailé ; sur l'autre, la statue de saint Théodore, le premier patron de la ville, terrassant un dragon. Si vous êtes superstitieux, vous ferez comme nombre de Vénitiens en évitant de passer entre les deux colonnes. Cela porterait malheur puisque c'est à cet endroit qu'avaient lieu les exécutions publiques. D'ailleurs, au chapitre des superstitions, si un jour un Vénitien vous dit "Tu verras l'heure qu'il est", inquiétez-vous : cette menace rappelle que la dernière chose que voyait un condamné à mort était la tour de l'Horloge, située en face de l'échafaud...

Tour de l'Horloge

Piazza San Marco

V° San Marco Vallaresso ou San Marco-San Zaccaria

Tél. 041 520 90 70 • www.museicivicivenezani.it

Entrée : 12 € (réservations à la caisse du musée Correr)

Visites guidées en français du lundi au mercredi à 14h et 15h, du jeudi au dimanche à 10h et 11h

Accès interdit aux moins de 6 ans

Si vous voulez en avoir plein les yeux – et, à heures fixes, plein les oreilles –, grimpez au sommet de la tour : là sonnent les deux automates, des Maures en bronze. Spectacle inoubliable ! Attention : la tour de l'Horloge n'est accessible que par petits groupes, et sur réservation.

Palais des Doges

Piazzetta San Marco (entrée par la Porte del Frumento, côté bassin)

V° San Marco Vallaresso

Tél. 041 271 59 11 • www.museicivicivenezian i.it

Entrée : 12 € avec la Museum Card *(voir p. 15)*

Audioguide (recommandé) : 5,50 €

Ouvert tous les jours de 9h à 19h d'avril à octobre, de 9h à 17h de novembre à mars

Ce palais gothique imposant, qui dessine un angle saillant avec la Piazzetta et le bassin Saint-Marc, est une prouesse architecturale inédite : au rez-de-chaussée court une galerie sur laquelle se pose une élégante loggia à l'étage. Cette double rangée de dentelle de pierre permet ainsi d'alléger le haut de la façade, très massif.

Si vous ne passez que quelques jours à Venise, vous hésiterez sans doute à prendre le temps de visiter l'intérieur – il faut prévoir 2 heures –, mais, autant que la Basilique, la découverte du Palazzo Ducale vaut le coup. La **décoration intérieure** est due aux plus grands peintres italiens : le Tintoret, Véronèse, Palma le Jeune et Jacopo Bassano s'y illustrent avec des toiles monumentales. En outre, c'est l'endroit idéal pour comprendre le fonctionnement complexe de l'État vénitien.

Ce palais était la résidence du doge, mais pas seulement, puisque ses appartements privés représentent moins d'un quart du bâtiment. Ici se concentraient en réalité tous les étages du pouvoir politique et judiciaire : le Collège, le Sénat, le Grand Conseil, les Quarante, le très redouté Conseil des Dix, et même la police secrète. L'édifice est d'ailleurs relié aux prisons de la Sérénissime par le célèbre pont des Soupirs.

À l'étage, enserrée dans le mur près de l'escalier, une **gueule de lion** de sinistre réputation servait de boîte aux lettres pour les dénonciations à la police.

La salle la plus impressionnante reste celle du **Grand Conseil**. Tout simplement sidérante par ses dimensions (53 m de long sur 25 m de large), elle a accueilli jusqu'à 2 000 "parlementaires" issus des grandes familles. Mais ce qui retient véritablement l'attention ici, c'est *Le Paradis*, peint par le Tintoret entre 1588 et 1594. Il s'agit de la plus grande huile sur toile au monde (22 m x 7 m). Figures enchevêtrées par centaines, mouvement de tourbillon permanent, cette œuvre démesurée fait forte impression. À noter aussi, la **frise de portraits** sous le splendide plafond : ce sont les 120 doges de l'histoire de Venise. En observant bien, vous remarquerez un visage voilé de noir sur le mur qui fait face au *Paradis*. Il s'agit du doge Marino Falier, destitué et décapité en 1354 pour avoir conspiré avec Gênes, l'ennemi de toujours...

Les passages secrets du palais des Doges

À travers passages secrets, geôles et salles fermées au public, la balade dans les coulisses de l'État vénitien, chaudement recommandée, se fait en petit groupe et en français tous les jours à 10h20, 12h et 12h25. Compter environ 1h30. Le billet "Itinerari Segreti" est valable ensuite pour la visite classique du palais des Doges. Réservation conseillée la veille, voire l'avant-veille, par téléphone, sur Internet ou sur place.

Réservations : 041 520 90 70 • www.museicivicivenezianí.it
Visite guidée : 16 €

--- À LA DÉCOUVERTE DU QUARTIER DE LA FENICE

Quittez la place Saint-Marc par l'aile napoléonienne, qui fait face à la Basilique, pour mettre le cap sur la Calle Larga XXII Marzo. Vous entrez alors dans le quartier le plus huppé de Venise, où les petits commerces ont disparu pour laisser place aux boutiques de luxe. Vous passerez tout de même devant quelques trésors.

Arrêtez-vous d'abord devant la façade la plus baroque de Venise, celle de l'**église San Moise** (Campo San Moise, V° San Marco Vallaresso), qui ne fait pas vraiment dans la sobriété !

Encastrée dans l'adorable Campo San Fantin, **la Fenice** (www.teatrolafenice.it) se visite moyennant 7 €. C'est l'une des scènes d'opéra

les plus prestigieuses au monde. Le bâtiment a été entièrement reconstruit à l'identique après le terrible incendie de 1996.
Prenez ensuite, au nord de la Fenice, la Calle de Locande. En suivant les flèches, ou en demandant votre chemin, vous arriverez au pied de la **Scala Contarini del Bovolo**, escalier en forme de coquille d'escargot malheureusement fermé au public pour restauration.
Puis mettez le cap sur le **Campo Santo Stefano**, place d'une grande harmonie, avec ses belles églises, Santo Stefano et San Vidal, ses palais et son café mythique, Gelateria Paolin, véritable institution pour l'apéro ou le cappuccino (voir p. 113). L'endroit est idéal pour une petite pause avant de prendre la direction, par exemple, du Palazzo Grassi tout proche.

• MUSÉES ET INSTITUTIONS CULTURELLES

Palazzo Grassi

Campo San Samuele, 3231
V° San Samuele ou Sant'Angelo
Tél. 041 523 16 80 • www.palazzograssi.it
Ouvert tous les jours de 10h à 19h, sauf le mardi
Entrée : 15 € • Billet Palazzo Grassi + Douane de Mer : 20 €
Audioguide : 5 € • Vestiaire : 3 €
Depuis 2005, ce palais donnant sur le Grand Canal abrite la collection d'art contemporain de l'un des "nouveaux doges de Venise" : le milliardaire français François Pinault. Au palais Grassi s'ajoute, depuis juin 2009, la Douane de Mer, située à la pointe de Dorsoduro. Dans les deux lieux – au prix d'entrée vraiment élevé, regrettons-le –, pas de collections permanentes, mais des expositions temporaires sur des thèmes plutôt pointus, le but étant de faire tourner près de 2 000 œuvres amassées au fil des années, au détour desquelles on rencontre Picasso, Andy Warhol, des représentants de l'Arte Povera et de grandes stars de l'art contemporain tels Damien Hirst, Jeff Koons ou Cy Twombly. Toutefois, si vous devez faire un choix entre les deux lieux, privilégiez la Douane de Mer, beaucoup plus spectaculaire (voir p. 136).

Musée Correr
Piazza San Marco, entrée par les Procuratie (aile face à la Basilique)
Vo San Marco Vallaresso
Tél. 041 240 52 11 • www.museicivicivenezianі.it
Ouvert tous les jours de 9h à 19h d'avril à octobre,
de 9h à 17h de novembre à mars
Accès : 12 € avec la Museum Card
Pour les férus d'art et d'histoire, et pour ceux qui ont plus d'un week-end pour découvrir Venise, le musée Correr est une bonne étape pour comprendre la ville, même si l'ensemble mériterait un petit effort de mise en scène. Outre la salle de bal, la salle du trône et la salle à manger, le musée rassemble au premier étage collections de cartes anciennes, mappemondes et maquettes de bateaux. Le deuxième étage abrite une pinacothèque de peintures vénitiennes du XIIIe au XVIe siècle. Dans la foulée du musée Correr, accédez au Musée archéologique, puis à la bibliothèque Marciana, décorée notamment d'une fresque du Titien et riche de près de un million d'ouvrages.

--- DORSODURO

Ce *sestiere* se nommait autrefois Scopulo ("rocher"), mais son terrain, plus solide et plus élevé, lui a valu plus tard son nom actuel de "Dos dur". Dorsoduro est sans aucun doute le quartier le plus agréable pour se promener. Il faut y lâcher son plan et s'y perdre pour savourer pleinement l'air marin des Zattere, ce quai qui longe le canal de la Giudecca de la Douane de Mer jusqu'à la gare maritime. Ruelles un peu plus aérées qu'ailleurs, *campi* donnant sur des églises croquignolettes, pontons pour se prélasser au soleil : vous êtes au cœur de la *dolce vita* à la vénitienne ! Le quartier rassemble aussi quatre musées de tout premier plan : l'Accademia, le Guggenheim, la Douane de Mer et la Ca' Rezzonico.

• LES INCONTOURNABLES

Gallerie dell'Accademia ♥

Campo della Carità, 1050 (accès à droite du pont de l'Académie)

V° Accademia

Tél. 041 522 22 47 • www.gallerieaccademia.org

Ouvert le lundi de 8h15 à 14h, du mardi au dimanche jusqu'à 19h15

Entrée : 6,50 € • Gratuit pour les moins de 18 ans et les plus de 65 ans

Encore et toujours en restauration, l'Accademia reste le musée le plus important de Venise. Si vous avez le temps de n'en visiter qu'un, ce sera celui-ci, dont la collection de chefs-d'œuvre de l'art vénitien – compter au moins 2 heures de visite – court du XIVe au XVIIIe siècle. Voici une sélection d'œuvres à ne pas rater (la numérotation des salles suit l'ordre chronologique).

Salle 1 • Admirez la peinture du Trecento (XIVe siècle) et plusieurs polyptyques, dont, au fond de la salle, celui de Lorenzo Veneziano.

Salle 2 • Ne manquez pas *Le Retable de San Giobbe* de Giovanni Bellini (1433-1516), une révolution en matière de perspective, mais aussi dans la façon de donner un visage humain aux personnages. À côté, une sublime *Madone à l'oranger* peinte par Cima da Conegliano en 1495.

Salles 4 et 5 • Vous allez avoir le tournis ! Admirez notamment le *Saint Georges* d'Andrea Mantegna et la *Vierge à l'Enfant* entre sainte Catherine et sainte Marie Madeleine, de Bellini. Ce chef-d'œuvre montre les femmes telles qu'on les trouvait dans la Venise de la fin du XVe siècle. Autre toile célébrissime (salle 5), *La Tempête* de Giorgione. Ce petit tableau particulièrement mystérieux met en avant non pas les personnages, mais le paysage. Une première dans l'histoire de l'art. Du même artiste, *La Vieille* met en scène une vieille femme dont les traits symbolisent les vicissitudes de l'existence.

Salle 7 • Le *Portrait de jeune homme triste* est le grand chef-d'œuvre de Lorenzo Lotto (1480-1556). Le personnage en train de lire est entouré d'objets symboliques : un livre pour le savoir, les pétales de rose pour le temps qui passe, le lézard pour illustrer l'âme humaine s'élevant vers la lumière.

Salles 10 et 11 • Ces salles sont consacrées aux grands formats, avec les trois peintres de légende de la Renaissance vénitienne : Titien, Véronèse et le Tintoret. La plus éblouissante des toiles est *Le Repas chez Lévi* de Véronèse (1573), un festin fou traduisant l'atmosphère des fêtes qui se donnaient à Venise au XVIe siècle. Initialement, il s'agissait d'une Cène commandée pour le réfectoire du couvent dominicain de San Zanipolo. Le traitement théâtral, avec ses bouffons, ses chiens et ses victuailles, fit scandale, et l'Inquisition demanda au peintre de retravailler son tableau. Pour entrer dans le rang et sauver son chef-d'œuvre, Véronèse, malin, en changea simplement le titre ! À voir également : *La Découverte du corps de saint Marc* par le Tintoret et *La Pietà* du Titien. Peinte pendant l'épidémie de peste de 1576, cette dernière montre le peintre vieillissant, agenouillé, qui meurt cette année-là de ladite maladie.

Salles 15 à 17 • La Venise du Settecento, du XVIIIe siècle, est ici représentée par Guardi et Canaletto. Par ces *vedute*, représentations de paysages urbains, on constate que la ville d'aujourd'hui est somme toute assez proche de ce qu'elle était hier. Pietro Longhi croque quant à lui la vie vénitienne vue de l'intérieur. Salle 16, ne manquez pas les extraordinaires Tiepolo.

Salle 20 • Éblouissant *Miracle de la relique de la Sainte Croix* (1494) de Vittore Carpaccio. Notez que le pont du Rialto est encore en bois !

Salle 21 • Carpaccio s'illustre encore avec le *Cycle de sainte Ursule*, composé de neuf toiles et inspiré de la *Légende dorée*.

Santa Maria della Salute

Campo della Salute • ***Vo Salute***

Ouvert tous les jours de 9h à 12h et de 15h à 17h30

Entrée libre • Sacristie : 2 €

Le chef-d'œuvre baroque de Longhena trône à l'entrée du Grand Canal. Son ingénieuse forme octogonale, son dôme colossal qui en cache un autre à peine plus petit – une première architecturale à l'époque –, ses volutes imposantes et ses statues qui semblent danser dans le ciel ont réclamé un demi-siècle de travaux (1631-1687). Avant de poser la première pierre, il a fallu dresser près d'un million de pilotis pour consolider le terrain. À l'intérieur, admirez le pavement en marbre polychrome, seul élément qui tranche avec l'austérité ambiante. Puis n'hésitez pas à débourser 2 € pour visiter la sacristie où sont exposées *Les Noces de Cana* du Tintoret, ainsi qu'une myriade de toiles du Titien.

Chiesa San Sebastiano ♥

Campo San Sebastiano (au pied du pont) • **Vº San Basilio**
Ouvert du lundi au samedi de 10h à 17h
Entrée : 3 € ou Chorus Pass

Cette église renferme l'un des grands chefs-d'œuvre de Paolo Caliari, dit Véronèse. Ce génie de la couleur y travailla plus de dix ans, de 1555 à 1570. Demandez l'un des miroirs mis à disposition pour admirer le plafond de la nef, dont les médaillons racontent les scènes de la vie d'Esther. Dans le chœur, voir *Saint Marc et saint Marcellin conduits au martyre*, puis *Le Martyre de saint Sébastien*. Dans la sacristie, les figures des évangélistes entourent le couronnement de la Vierge. Le *maestro* devait être plutôt fier de son travail, puisqu'il demanda à être enterré dans l'église ! Sa plaque funéraire se trouve au pied de l'orgue.

Détour insolite par le palais Zenobio

À quelques pas de l'église San Sebastiano se trouve le Collegio Armeno Moorat Raphael (voir p. 50). Impossible d'imaginer que cette maison cache un incroyable palais baroque ! Officiellement, il n'est pas ouvert au public, mais, si vous adressez un grand sourire au réceptionniste, vous serez autorisé à jeter un coup d'œil à cette demeure étonnante dessinée par Antonio Gaspari. Hall majestueux aux doubles colonnades, jardin au calme absolu et salle de bal dont les fresques sont attribuées à Tiepolo. Au XIXe siècle, le palais est devenu la propriété d'une congrégation arménienne.

Fondamenta del Soccorso, 2596
Vº San Basilio ou Ca' Rezzonico
Tél. 041 522 87 770 • www.collegioarmeno.com

--- LE LONG DES ZATTERE

C'est la promenade de tous les superlatifs : la plus romantique, la plus élégante, la plus relaxante, la mieux pourvue en pontons de bois et en bancs publics pour faire une pause farniente, et aussi la plus magique au coucher du soleil. La rive sud de Dorsoduro doit son nom au bois de construction qui arrivait par flottage, *zattera* signifiant "radeau".

Pour emboîter le pas aux Vénitiens, commencez sur la pointe de la **Douane de Mer**. En chemin, jetez un œil à la **Fondation Vedova**, installée dans une partie des anciens magasins à sel (Fondamenta delle Zattere, 266. www.fondazionevedova.org. Ouvert du mercredi au dimanche de 10h à 17h. Entrée libre). Signé Renzo Piano, cet espace d'un nouveau genre, dédié au peintre Emilio Vedova, se compose d'une salle unique, tout en brique et sans fenêtres. Le dispositif muséographique renforce l'intérêt de la visite : toutes les 3 heures, neuf toiles de l'artiste sortent d'une grande cage métallique pour déambuler à travers l'espace en coulissant sur un rail.

Juste avant le Ponte de la Calcina, qui doit son nom à un ancien entrepôt de briques et de chaux, saluez le ***Putto***, cette statue d'ange potelé : on dit que passer dessous porte bonheur.

Arrêtez-vous ensuite à la **Chiesa dei Gesuati** (Entrée : 3 € ou Chorus Pass), où vous admirerez le plafond signé Tiepolo. À l'extérieur, petit jeu de piste : saurez-vous trouver la bouche du lion, sur le mur du couvent donnant sur les Zattere ? Indice : c'est une boîte aux lettres en pierre blanche qui permettait autrefois les dénonciations secrètes pour le *sestiere* de Dorsoduro.

Un peu plus loin, un détour s'impose par le **Squero di San Trovaso**. Trois petits chalets suisses, avec géraniums aux fenêtres, hennissements de la ponceuse à bois et carcasses de gondoles : c'est l'un des derniers ateliers de gondoles de la ville, en activité depuis le XVIIe siècle. À raison de deux cents pièces de bois, de huit bois différents et de quatre mois de travail par gondole, Lorenzo Della Toffola ne construit que deux embarcations par an – pour un prix moyen de 35 000 € ! Faites-vous discret : il déteste être dérangé.

À côté, pénétrez dans l'**église San Trovaso** pour y admirer *La Dernière Cène* du Tintoret, une toile refusée à l'époque par l'Église. Il faut dire que les apôtres du tableau semblent avoir bien arrosé le repas ! Continuez jusqu'au bout des Zattere, ou prenez le *vaporetto* jusqu'à San Basilio. De là, dirigez-vous vers la Fondamenta San Sebastiano pour visiter la sublime **église San Sebastiano**.

• MUSÉES ET INSTITUTIONS CULTURELLES

Douane de Mer

Entrée à droite de la Salute • ***V° Salute***
Renseignements : 199 139 139 • www.palazzograssi.it
Ouvert tous les jours de 10h à 19h, sauf le mardi
Entrée : 15 € • 12-18 ans : 10 €
Billet Douane de Mer + Palazzo Grassi : 20 € (valable 3 jours)
Audioguide : 5 €
L'entrée coûte cher, mais, passé cette impression désagréable, la Dogana di Mare, qui a rouvert en juin 2009 après trente ans d'abandon, est un lieu fascinant car hautement symbolique de la puissance commerciale passée de la ville. Ici, à partir de 1414, étaient déchargées et dédouanées les marchandises qui arrivaient par la mer. Telle la proue d'un navire, ce bâtiment triangulaire construit entre 1677 et 1682 s'avance à la pointe du Grand Canal comme pour surveiller l'incessant trafic maritime. Avant d'entrer dans le musée, ne manquez pas d'aller admirer la vue exceptionnelle qui s'offre au bout de la pointe.

On doit la réouverture de ce lieu symbolique à François Pinault, qui, pour restaurer les lieux, a fait appel, comme pour le Palazzo Grassi (voir p. 130), à l'architecte nippon Tadao Ando. Le résultat est une épure de béton, de brique, de bois et de fer qui conserve l'esprit de ces entrepôts marins et laisse toute la place aux œuvres. À voir au fil des salles : l'incroyable cheval de Maurizio Cattelan – on ne vous en dit pas plus… – et tout le gratin de l'art contemporain, de Jeff Koons à Cindy Sherman en passant par Takashi Murakami. Sans oublier la plus grosse "claque" du musée, qui mérite à elle seule l'achat du billet d'entrée : l'œuvre sidérante, et éprouvante, de Jake et Dinos Chapman, intitulée *Fucking Hell*, soit neuf vitrines de figurines fabriquées à la main pour dénoncer l'horreur nazie.

Fondation Peggy Guggenheim

Palazzo Venier dei Leoni, Calle San Cristoforo, 701-704
V° Accademia ou Salute
Tél. 041 240 54 11 • www.guggenheim-venice.it
Ouvert tous les jours de 10h à 18h, sauf le mardi
Entrée : 10 € • Audioguide : 7 €

Donnant sur le Grand Canal, ce curieux palais inachevé abrite la collection d'art moderne amassée par l'excentrique milliardaire américaine Peggy Guggenheim. Le corpus des œuvres couvre la plupart des grands mouvements picturaux du XXe siècle, des débuts du cubisme (Braque, Picasso) à l'école américaine (Willem de Kooning, Mark Rothko ou Jackson Pollock, que Peggy repéra bien avant qu'ils deviennent des stars), en passant par l'abstraction (Kandinsky, Delaunay) et l'école surréaliste (Magritte, De Chirico, Klee, Max Ernst, Dalí, Miró), qui occupe la part la plus importante. Au-delà des œuvres, le musée présente l'avantage d'être à taille humaine : on a l'impression de se balader dans une maison. Enfin, le jardin parsemé de sculptures (Jean Arp, Henry Moore) est un délicieux havre de paix. La grande amie de Duchamp, Picasso et Brancusi y a d'ailleurs été enterrée à côté de ses quatorze chiens !

Ca' Rezzonico ♥

Fondamenta Rezzonico, 3136 • V° Ca' Rezzonico
Tél. 041 241 01 00 • www.museicivicivenezianі.it
Ouvert tous les jours de 10h à 17h (jusqu'à 18h d'avril à octobre), sauf le mardi
Entrée : 6,50 € ou Museum Pass

Le Museo del Settecento Veneziano est idéal pour se plonger dans la vie quotidienne, fastueuse et festive, de la Venise du XVIIIe siècle, notamment grâce aux œuvres de Francesco Guardi et Pietro Longhi, sans oublier deux superbes Canaletto. C'est aussi un bon moyen de partir à la découverte des somptueux palais du Grand Canal. Enfin, s'il ne fallait qu'une seule raison pour vous convaincre de visiter la Ca' Rezzonico, elle tiendrait en un nom : Giambattista Tiepolo (1696-1770), dans la salle de l'Allégorie nuptiale. Au deuxième étage, admirez aussi les fresques de son fils Giandomenico (1727-1804), créées à l'origine pour la Villa Zianigo achetée par son père. À la sortie, vous pouvez profiter du beau jardin pour vous remettre de vos émotions.

Les îles du bassin Saint-Marc

Proches de la Cité des Doges, la Giudecca et San Giorgio Maggiore s'atteignent en quelques minutes de traversée en *vaporetto*. Ces deux îles méritent vraiment le déplacement, ne serait-ce que pour le point de vue sublime qu'elles offrent sur la ville.

Au départ de San Marco. À la station San Marco-San Zaccaria, prendre le *vaporetto* n° 2 : arrêt San Giorgio/Zitelle/Redentore/Palanca (un bateau toutes les 6 à 10 min). La ligne 42 convient aussi pour se rendre à la Giudecca.

Au départ de Dorsoduro. À la station Zattere, prendre le *vaporetto* n° 2 : arrêt Palanca/Rendetore/Zitelle/San Giorgio.

--- LA GIUDECCA

S'étirant en longueur face aux Zattere, l'île de la Giudecca appartient administrativement à Dorsoduro, dont elle séparée par un canal de 300 m de large. Réunion de huit petits îlots, elle est appellée également "Spina Lunga" pour sa forme effilée comme une "longue épine". C'est un lieu fabuleux, une vraie respiration, curieux mélange de patrimoine maritime, industriel et religieux ayant conservé son côté voyou et populaire. Surtout, elle offre un point de vue inédit sur la Sérénissime. Bref, impossible de faire l'impasse.

Sur la Giudecca, il n'y a que trois choses à faire : marcher le long des quais, s'enfoncer dans les passages menant au centre de l'île, puis boire un *spritz* dans un petit troquet !

Si vous avez peu de temps, descendez à l'arrêt **Redentore** pour découvrir l'immense église, chef-d'œuvre de l'architecte Palladio (Ouvert du lund au samedi de 10h à 17h. Entrée : 3 € ou Chorus Pass), qui doit son nom au "Rédempteur" chargé de conjurer la peste de 1575. Puis marchez au choix jusqu'à Palanca, vers la droite en tournant le dos à l'eau, ou jusqu'à Zitelle, vers la gauche. À l'un de ces deux arrêts, prenez de nouveau le bateau en direction de l'île de San Giorgio Maggiore (voir p. 140).

Si vous avez plus de temps, ne craignez pas de vous enfoncer dans les ruelles pour découvrir un tout autre visage de la Giudecca. Entrez par exemple dans le **chantier naval**, auquel on accède par un petit passage entre Palanca et Redentore (suivre le fléchage du restaurant Mistra). Une vraie tranche de Venise maritime ! Passez sous le porche, puis avancez jusqu'au hangar où les barques sont empilées verticalement, comme sur une étagère. Plus loin, sur l'aile gauche du bassin, se trouve l'**atelier de Roberto dei Rossi** (Squero dei Rossi), spécialisé dans la réparation et la construction des gondoles. À midi, les ouvriers se retrouvent chez Mensa et Mistra, les deux restos du chantier.

Pour une pause *spritz*

Pour boire un verre en terrasse en admirant le coucher de soleil sur la Cité des Doges depuis la Giudecca, direction le café-tabac du Zitelle, au nº 37. Le meilleur point de vue sur le bassin Saint-Marc, et l'un des spritz *les moins chers de la ville ! Fermeture vers 21h.*

Tabacci Zitelle • Vº Zitelle

--- SAN GIORGIO MAGGIORE

Face au palais des Doges, cette petite île, surnommée "l'Ile verte" pour son cloître aux nombreux cyprès, domine tout le bassin Saint-Marc. Du sommet de son campanile, le panorama est inouï !

Chiesa San Giorgio Maggiore ♥

Vº San Giorgio

Ouvert tous les jours de 9h30 à 12h30 et de 14h30 à 17h (jusqu'à 18h d'avril à septembre)

Entrée libre • Accès au campanile par l'ascenseur : 3 €

Imaginées en 1566 par le champion de la rigueur architecturale, Andrea Palladio, les lignes classiques et la sobriété de la façade en pierre d'Istrie semblent avoir été conçues comme le contraire esthétique de l'exubérante basilique Saint-Marc. À l'intérieur, vous serez impressionné par la simplicité du décor. Dans le chœur, admirez *La Manne* et *La Cène*, chefs-d'œuvre du Tintoret. Ce sont les dernières toiles du maître, sans doute les plus émouvantes.
Ensuite, direction l'ascenseur ! Le campanile de San Giorgio Maggiore vous permet d'embrasser toute la lagune sud jusqu'au Lido, la lagune nord et les Dolomites au loin, et d'avoir un point de vue global sur la topographie de la ville. Par beau temps, c'est un grand moment. Remarquez aussi, sous votre nez, l'ancien monastère de San Giorgio, aujourd'hui propriété de la Fondation Cini, et, un peu plus loin sur la Giudecca, la piscine de l'hôtel le plus chic de Venise : le Cipriani. Prenez vos jumelles pour repérer les stars !

--- SAN POLO - SANTA CROCE

On dit souvent de ces quartiers voisins qu'ils sont un concentré de Venise. Rien n'est plus vrai, même si Santa Croce a perdu de sa superbe avec l'installation du parking de Piazzale Roma. Situé dans la boucle du Grand Canal, en plein centre de la cité, ce labyrinthe infernal était le cœur commercial de la République. C'est au marché du Rialto, presque inchangé, que marchands, banquiers et négociants se retrouvaient pour nouer leurs petites affaires. Encore largement habitée aujourd'hui, cette zone, qui a gardé son âme populaire et gouailleuse, est très animée.

Ici plus qu'ailleurs, il faut accepter de se perdre avec délice : après avoir visité les quelques incontournables, lâchez votre plan, suivez à l'aveuglette le lacis des venelles étroites, arrêtez-vous sur un *campo* où courent des enfants puis poussez la porte de ces boutiques aux devantures vieillottes qui recèlent souvent d'insoupçonnables trésors. Et, bien sûr, fréquentez les nombreux *bacari* du quartier, ces bistrots typiques où l'on savoure les *cicchetti* et où l'on entend encore parler le vénitien.

• LES INCONTOURNABLES

Marché du Rialto

Fabbriche Nuove et Campo della Pescaria • ***V° Rialto***

Même si vous n'avez qu'un week-end devant vous, essayez de commencer l'une de vos journées par ce lieu encore bien vivant où vous déambulerez au milieu des Vénitiens – le touriste n'étant pas du genre à acheter des courgettes.

L'endroit est la plaque tournante du commerce depuis le Moyen Âge. Au temps de la puissance commerciale de Venise, tout arrivait ici : épices, tissus, pierres précieuses... C'était aussi le territoire des banquiers et des négociants. Comme aujourd'hui, les denrées fraîches étaient vendues dans différents marchés : l'Erberia (fruits et légumes), la Pescaria (poissons), les Beccherie (viandes), la Casaria (fromages)... Allez-y tôt pour assister, vers 6h, à l'arrivée par le Grand

Canal de la pêche du jour, escortée par les mouettes. Inoubliable.
Dès que vous avez quitté le pont du Rialto, les marchés s'étendent après le Campo Cesare Battisti. D'abord, les fruits et légumes – du lundi au samedi de 7h à 13h –, dont la plupart proviennent de l'île de Sant'Erasmo, le potager de la lagune. Derrière, sous une halle médiévale – en réalité, une copie du début du XXe siècle –, le marché aux poissons, qui se tient du mardi au samedi de 6h à 12h, propose d'alléchants étals de coquillages, crustacés et poissons venant en majorité de la lagune. Autour, viandes et fromages : faites un saut à la Casa del Parmigiano, sur le Campo Battisti.
Pour finir en beauté, emboîtez le pas des locaux en poussant la porte d'un *bacaro* pour y prendre l'apéro.

Pont du Rialto

Sur le Grand Canal • ***Vo Rialto***

C'est le monument le plus connu de la ville, et celui qui souffre le plus de la surfréquentation. N'y faites donc pas de vieux os : le pont est tellement encombré – sauf peut-être en plein hiver sous une pluie battante, et encore – que sa magie s'est évaporée. Pour la petite histoire, le pont doit son nom aux premiers Vénitiens, qui baptisèrent le lieu "Rivo Alto". Il fut édifié en 1588 par le bien nommé Antonio da Ponte, en remplacement d'un pont-levis en bois installé au XIIe siècle. Jusqu'au XIXe, le pont du Rialto était le seul ouvrage à réunir les deux rives.

Basilica Santa Maria dei Frari

Campo dei Frari • ***Vo San Tomà***

www.chorusvenezia.org

Ouvert du lundi au samedi de 9h à 18h, le dimanche de 13h à 18h

Entrée : 3 € ou Chorus Pass

Édifiée entre 1335 et 1428, l'église des Frati minori, ou Frari, du nom des Frères mineurs franciscains, est l'une des plus chères au cœur des Vénitiens. On y trouve les tombeaux du Titien, de Canova, de Monteverdi et de nombreux doges. La façade de brique rouge, dans le style gothique, est la plus imposante de la ville, et le campanile atteint 70 m de hauteur. Mais le spectacle est surtout à l'intérieur, à commencer par le fabuleux chef-d'œuvre qui se tient au centre du chœur, *L'Assomption* du Titien. Des lumières chaudes, des rouges profonds, des drapés, du mouvement et une composition pleine de grâce : cette incroyable toile (7 m de haut) peinte en 1518 illumine la perspective de la nef centrale. Autre toile du Titien à ne pas manquer : la *Pala Pesaro* (1526). Le dernier grand chef-d'œuvre est signé Giovanni Bellini. Il s'agit d'une *Vierge en majesté*, située dans la sacristie.

Scuola Grande di San Rocco ♥

Campo San Rocco, 3052 (à l'arrière des Frari) • **V° San Tomà**
Ouvert tous les jours de 9h30 à 17h30
Entrée : 7 € (audioguide compris)

La visite de cette *scuola* vous donnera l'occasion rare d'entrer dans l'univers d'un peintre très original, le Tintoret. Il y a créé la quasi-totalité du décor, avec en tout 56 peintures exécutées entre 1564 et 1587. Cet ensemble incroyablement préservé est l'œuvre de sa vie. La salle du rez-de-chaussée a pour thème le Nouveau Testament, avec notamment l'*Annonciation* et la *Fuite en Égypte* ; à l'étage, le plafond de la Sala Grande présente des épisodes de l'Ancien Testament. Au fond à gauche, une autre salle vous dévoile le sommet de l'art du Tintoret : la *Crucifixion*. Peinte en 1565, cette toile de 70 m² brille surtout par la perfection de sa composition. Impossible d'être insensible à cette virtuosité !

• VISITER LE QUARTIER AUTREMENT

--- ENTRE LE CAMPO SAN POLO ET LES FRARI

Campo San Polo

V° San Tomà ou Rialto

Cette vaste esplanade constitue un bon point de repère sur la carte compliquée du quartier. Elle est depuis toujours le théâtre de festivités, en particulier durant le Carnaval. Pas beaucoup d'unité architecturale, peu de lignes de perspective, et pourtant, avec ses façades déglinguées, ses pavés de guingois, ses arbres un peu perdus, ses bancs et sa petite fontaine, l'endroit dégage un certain charme. Le Campanile est debout depuis le XIVe siècle. L'été, on peut s'y offrir une séance de cinéma en plein air (voir p. 120).

Chiesa San Polo

Campo San Polo • V° San Tomà

Ouvert du lundi au samedi de 10h à 17h

Entrée : 3 € ou Chorus Pass

On ne résistera pas à l'attrait des pépites du lieu, dues notamment à Véronèse et au Tintoret. Voir notamment *La Cène*, sur le mur du fond, à gauche en entrant. Le principal intérêt demeure ce chemin de croix imaginé par Giamdomenico Tiepolo, le fils du fameux Giambattista, à voir dans l'oratoire, au fond de la nef.

--- ENTRE SAN GIACOMO ET LE GRAND CANAL

Campo San Giacomo dell'Orio

V° Riva de Biasio ou San Stae

Pour ses terrasses tranquilles et sa douce vie de quartier, c'est notre place favorite à Venise. Le joli campanile et l'église qui tournent le dos à la place ajoutent encore au charme de l'endroit. C'est en outre un très bon spot pour une pause sandwich et, pas loin, le glacier Alaska propose les créations les plus folles de la ville : sorbet carotte, gingembre ou asperge... Les Vénitiens l'adorent (voir p. 107).

• MUSÉES ET INSTITUTIONS CULTURELLES

Ca' Pesaro - Musées d'Art moderne et d'Art oriental

Fondamenta Mocenigo, 2076 • **V° San Stae**
Ouvert du mardi au dimanche de 10h à 17h (jusqu'à 18h d'avril à octobre)
Entrée : 5,50 € ou Museum Pass
Souvent déserté, ce palais monumental propose une collection d'art des XIXe et XXe siècles : *Le Penseur* de Rodin, des œuvres de Bonnard, Klee, Chagall, Matisse, Kandinsky ou Henry Moore, entre autres. Au deuxième étage, changement de décor avec l'une des plus belles collections européennes d'art japonais.

--- CANNAREGIO

Ce *sestiere* doit son nom aux *canne* ("roseaux") qui poussaient dans ce qui n'était jadis qu'un marécage insalubre. S'étendant entre la gare ferroviaire Santa Lucia et les Fondamente Nove, point de départ pour les îles du nord de la lagune – San Michele, Murano, Burano et Torcello –, ce vaste quartier offre un curieux mélange. Vous y trouverez à la fois de larges artères animées et des ruelles désertes entre l'ancien ghetto juif et l'église de la Madonna dell'Orto. En déambulant entre ces deux points, vous découvrirez une Venise moins grandiloquente, mais pleine de charme.

--- DU GHETTO À LA MADONNA DELL'ORTO

Demeures plus modestes, quais larges, canaux parallèles offrant des perspectives photogéniques : bienvenue dans une Venise intemporelle dont la physionomie tranche avec le reste de la ville. **Point de départ** : l'arrêt de *vaporetto* Ponte delle Guglie. Remontez la Fondamenta di Cannaregio et prenez sur votre droite la Calle del Ghetto Vecchio. Attention, il est conseillé de s'aider d'une carte de la ville.

Le **Ghetto.** L'origine de ce quartier juif, premier ghetto de l'histoire, remonte au XVIe siècle. On trouvait autrefois des *getto* – "fonderies", en vénitien –, terme qui s'est étendu par la suite à toutes les enclaves juives du monde. Le Ghetto se présente sous la forme d'un îlot cerné de canaux : quelques rues, une place ovale et trois ponts. C'est dans cet espace confiné et isolé du reste de la ville que la communauté juive fut autorisée à vivre durant près de trois siècles – ce qui obligea les habitants à construire des habitations de six ou sept étages. Dès 1516, la communauté est assignée à résidence dans le Ghetto Nuovo, dont les portes sont fermées la nuit et gardées par des soldats. Avis aux amateurs de BD : c'est ici que Hugo Pratt, Vénitien d'origine, a situé une partie des aventures de Corto Maltese dans sa *Fable de Venise*.

Quittez le Ghetto par le pont qui enjambe le Rio di San Girolamo. À droite de ce pont, suivez la Fondamenta degli Ormesini, puis la Fondamenta della Misericorda. Prenez, à gauche, la Calle Larga.

Campo dei Mori. Vous arrivez alors sur un délicieux *campo* où vous apercevez des statues du XIIIe siècle : ce sont les "Mori", les marchands maures. La légende raconte qu'ils furent changés en statues de pierre en punition de leur roublardise. La plus célèbre, celle qui a un nez de métal, se trouve à l'angle. À Venise, on l'appelle "Sior Antonio Robia". Elle servait jadis d'exutoire aux Vénitiens mécontents contre le gouvernement. On venait lui déverser des flots de critiques, et la statue était censée s'en faire l'écho.

La **Maison du Tintoret.** Sous le Maure à turban, au no 3399, une demeure gothique du XVe siècle porte une plaque : le grand peintre vénitien Jacopo Robusti, dit le Tintoret, a vécu ici. Presque en face, de l'autre côté du *rio*, se tient le **palais du Chameau**. À vous de découvrir la raison de ce surnom ! Outre les bas-reliefs, remarquez une petite alcôve, en bas à gauche de la maison, à environ 1 mètre de l'eau. Il s'agissait d'une fontaine destinée à abreuver les bateliers de passage.

Cap au nord, jusqu'à la **Madonna dell'Orto**, une église gothique en brique rose, pierre d'Istrie et marbre rose à ne manquer sous aucun prétexte (Ouvert du lundi au samedi de 10h à 17h. Entrée : 3 € ou Chorus Pass). On y trouve de nombreuses toiles du Tintoret, dont c'était l'église paroissiale et qui y est enterré.
Reprenez la Fondamenta dell'Orto en direction de la Fondamenta Contarini. Au bout, tournez à droite dans la Corte Vecchia, puis rendez-vous à la Fondamenta dell'Abbazia, où vous découvrirez la **Scuola della Misericordia**, un lieu plein de charme et totalement oublié des touristes.
Rejoignez la Fondamenta della Misericordia, prenez la direction des Fondamente Nove en passant par la Calle della Racchetta, puis, à droite, la Fondamenta di Santa Caterina, suivie de la Fondamenta Zen. Vous arrivez sur le **Campo dei Gesuiti**.

Chiesa dei Gesuiti

*Campo dei Gesuiti • **V° Fondamente Nove***
Ouvert tous les jours de 10h à 12h et de 16h à 18h
Entrée libre
À deux pas de l'arrêt Fondamente Nove, cette église baroque édifiée à la demande des Jésuites en 1715 est aussi appelée Santa Maria Assunta. On la reconnaît de loin grâce aux statues des douze apôtres qui semblent danser sur la façade. À l'intérieur, décoration fastueuse ! Ne manquez pas le magnifique retable du Titien, le *Martyre de saint Laurent*. En sortant, juste en face de l'église, la porte de l'oratoire est souvent ouverte. Glissez-y la tête pour admirer cette ancienne chapelle décorée par Palma le Jeune. Une merveille.

Le pont de la discorde

Encore tout récemment, le Grand Canal ne comptait que trois ponts. Depuis septembre 2008, une quatrième passerelle relie la gare Santa Lucia au parking de Piazzale Roma. Construit par l'architecte espagnol Santiago Calatrava, ce Ponte della Costituzione en verre, acier et pierre d'Istrie est aujourd'hui l'un des sujets de débat favoris des locaux. Casse-gueule – les marches sont de hauteurs différentes et aucun accès pour les personnes handicapées n'est prévu –, inutile – fallait-il un pont pour relier un parking d'arrivée à une gare d'arrivée ? – et hors de prix – 12,5 millions d'euros, contre 4 millions prévus à l'origine du projet en 1999 : voilà pour les principaux griefs. Pas tous injustifiés...

• MUSÉES ET INSTITUTIONS CULTURELLES

Santa Maria dei Miracoli

Campiello dei Miracoli • **Vᵒ Fondamente Nove ou Rialto**
Ouvert du lundi au samedi de 10h à 17h
Entrée : 3 € ou Chorus Pass

S'il n'y a qu'une église à voir dans le quartier du Cannaregio, c'est celle-ci. Aucun gigantisme, un plan presque carré et des murs couverts de marbre et de pierres précieuses : voici l'église la plus mignonne de Venise. Certains surnomment ce joyau construit en 1489 par Pietro Lombardo la "Boîte à bijoux". L'église est dédiée à la Vierge miraculeuse, dont une icône réalisée par Niccolò di Pietro trône sur l'autel. Ne soyez pas surpris d'y voir prier nombre de fidèles : cette *Vierge à l'enfant* serait à l'origine de plusieurs miracles, et cette jolie petite église fut bâtie expressément pour l'abriter.

Ca' d'Oro ♥

Calle di Ca' d'Oro, 3932 • V° Ca' d'Oro
Tél. 041 520 03 45
Ouvert le lundi de 8h15 à 14h, du mardi au dimanche jusqu'à 19h15
Entrée : 5 €
Billet Ca' d'Oro + Accademia + Museo di Arte orientale : 11 €
Supplément en cas d'exposition temporaire

Le long du Grand Canal, la "Maison d'or" est sans conteste l'une des plus belles demeures, qui s'admire surtout depuis le *vaporetto* ou le débarcadère. De style gothique, sa façade de dentelle de pierre blanche resplendit au soleil. Et encore, ce n'est rien comparé à ce qu'elle était à l'origine : la façade était alors recouverte de 23 000 feuilles d'or et de peinture à base de lapis-lazuli, l'un des pigments les plus chers de l'époque.

Le palais fut édifié entre 1421 et 1434 pour le compte de Marino Contarini, patricien fortuné inscrit comme il se doit sur le *Libro d'Oro* des nobles de la Sérénissime. La Ca' d'Oro était pour lui un moyen d'en mettre plein la vue et de servir ses ambitions. Le palais abrite aujourd'hui la Galleria Franchetti, composée d'une impressionnante collection d'art de la Renaissance : sculptures, peintures (Titien, le Tintoret, Carpaccio, Mantegna, Vivarini, Van Eyck, Memling) et bronzes. Avant de monter aux étages pour les admirer, descendez les quelques marches à gauche de la caisse pour voir le *portego*, au ras du canal, et son pavement de marbre polychrome.

--- CASTELLO

Très étendu, ce *sestiere* occupe la queue du "poisson vénitien". Il jouxte San Marco à l'ouest et file vers l'est jusqu'au no man's land de Sant'Elena. C'est dire s'il offre deux visages distincts : d'un côté, une zone touristique à l'agitation excessive, avec des rues bordées de restaurants et de masques *made in China* ; de l'autre, un ensemble incroyablement calme, où la vie s'écoule paisiblement comme dans une petite ville de province, avec le linge pendant aux fenêtres, les mamies discutant des heures durant sur le banc d'un *campo* et les petits commerces qui semblent sortir d'un film italien des années 1950. Cette Venise-là, émouvante et secrète, se découvre en flânant aux alentours de l'Arsenal et jusqu'à San Pietro, mais aussi en profitant du soleil près de la basilique Santi Giovanni e Paolo.

• LES INCONTOURNABLES

Riva degli Schiavoni

C'est sur ces immenses quais s'étirant de San Marco aux Giardini Pubblici qu'accostaient autrefois les grands navires de marchandises. Avec les Zattere (voir p. 135), c'est l'autre promenade favorite des Vénitiens. Le parcours est gorgé d'embruns et souvent glacial en hiver, mais quelle merveille ! Le départ se fait au niveau du pont des Soupirs, après la Piazzetta San Marco, au milieu des bataillons de touristes, mais à peine cinq minutes de marche suffisent pour oublier la cohue et assister tranquillement au ballet des *vaporetti*, des remorqueurs, des *motoscafi* et autres *motonave*. Au passage, n'hésitez pas à pousser la porte à tambour du célébrissime hôtel Danieli, un somptueux palace, situé au niveau de l'arrêt San Marco-San Zaccaria, où séjournèrent Balzac, Proust, Wagner, Musset et George Sand. Si vous êtes prêt à vous offrir une petite folie, commandez un verre au bar, pour prendre le temps d'admirer sereinement le grand hall et l'escalier monumental.

Chiesa San Zaccaria ❤

Campo San Zaccaria • ***V° San Marco-San Zaccaria***
Ouvert tous les jours 10h à 12h et de 16h à 18h
Entrée libre • Chapelle : 1 €

Moment d'exception à la rencontre du chef-d'œuvre de Bellini, la *Vierge à l'enfant avec l'ange musicien*. Prévoyez une pièce pour éclairer le deuxième autel, où se trouve le tableau. Visages recueillis, drapés magnifiques, couleurs chatoyantes des étoffes, jeux de perspective… À droite de la nef, entrez dans la chapelle du chœur pour admirer les tableaux du Tintoret et de Tiepolo.

Scuola di San Giorgio degli Schiavoni

Fondamenta Furlani, 3259a • **V° San Marco-San Zaccaria**
Tél. 041 522 88 28
Ouvert le lundi de 14h45 à 18h,
du mardi au dimanche de 9h à 13h et de 14h45 à 18h
Entrée : 4 €

La communauté des Schiavoni, marchands dalmates, fonda une école religieuse au XVe siècle et construisit ce bâtiment au siècle suivant. La décoration intérieure est en grande partie l'œuvre du peintre italien virtuose de la narration, Vittore Carpaccio (1460-1526). Le rez-de-chaussée est entièrement couvert de peintures à lire comme une bande dessinée illustrant la vie des trois saints patrons de Dalmatie : Georges, Tryphon et Jérôme.

Basilica Santi Giovanni e Paolo

Campo Santi Giovanni e Paolo • **V° Ospedale**
Ouvert du lundi au samedi de 9h à 18h30, le dimanche de 12h à 18h
Entrée : 2,50 €

Les Vénitiens l'appellent "San Zanipolo". Sacrée au XIVe siècle, la plus grande église de la ville dresse sa façade gothique en brique rouge sur un *campo* très animé. À l'intérieur, les dimensions de l'édifice donnent le vertige, mais il fallait bien cela pour accueillir les tombes du gratin de la République : vingt et un doges sont enterrés ici. Jetez un œil sur le vitrail du transept de droite, unique témoin de l'art religieux des verriers de Murano. À gauche du maître-autel, la chapelle du Rosaire réunit plusieurs toiles de Véronèse.

En sortant, prenez le temps d'admirer l'extraordinaire façade de marbre qui se dresse à la perpendiculaire de la basilique. Il s'agit de l'ancienne Scuola Grande di San Marco, qui abrite aujourd'hui l'hôpital municipal. Notez les jeux de perspective et les compositions en trompe-l'œil. À l'origine, la basilique devait être couverte du même marbre, mais l'argent vint à manquer.

Pour finir votre promenade sur le *campo*, faites une pause chez Rosa Salva, l'un des meilleurs pâtissiers de la ville (voir p. 108).

• VISITER LE QUARTIER AUTREMENT

--- AUTOUR DE L'ARSENAL

Campo dell'Arsenale

V° Arsenale

Se balader en longeant l'interminable muraille de ce qui était jadis le plus grand chantier naval d'Europe est un autre bonheur de la ville. Fondé en 1104, l'Arsenal employait au plus fort de son activité, lors de la victoire de Lépante (1571), jusqu'à 3 000 ouvriers, les *arsenalotti*, capables de fabriquer une cinquantaine d'embarcations par mois. Ceux qui y travaillaient étaient astreints à la confidentialité, sous peine d'exécution. Même s'il déclina à partir de la domination autrichienne, l'Arsenal resta en activité jusqu'à la fin de la Première Guerre mondiale.

Les bons marcheurs pourront se rendre du Campo dell'Arsenale jusqu'à la station de *vaporetto* Celestia. Lors de ce trekking urbain, ils découvriront le **Castello** dans sa version authentique, avec même, à certains endroits, un petit air de cité ouvrière à l'anglo-saxonne ! Les autres iront voir au moins la porte principale de l'Arsenal, la **Porta Magna**, et ses lions de pierre blanche dérobés en Grèce par les navigateurs vénitiens. Difficile d'imaginer que derrière cette porte se dissimule un terrain militaire interdit au public.

Museo Storico Navale

Riva San Biagio, 2148 • ***V° Arsenale***

Tél. 041 520 02 76

Ouvert du lundi au vendredi de 8h45 à 13h30, le samedi de 8h45 à 13h

Entrée : 1,55 €

À côté de l'entrée de l'Arsenal, ce musée passionnant est à parcourir avec les enfants. Des dizaines de maquettes de bateaux, des pièces d'artillerie, d'authentiques costumes d'amiraux et des vestiges de l'histoire navale de Venise, telles la réplique du *Bucentaure*, galère d'apparat des doges, ou la gondole personnelle de Peggy Guggenheim.

Chiesa et Convento San Francesco della Vigna ♥

*Campo della Confraternità • **V° Celestia***
Ouvert tous les jours de 8h à 12h30 et de 15h à 19h
Entrée libre

Presque oublié dans un recoin du Castello, ce complexe religieux tire son nom des vignes qu'y plantèrent jadis les franciscains. De l'extérieur, l'église se révèle très impressionnante avec sa façade austère typique de l'art du Palladio, l'architecte du Redentore et de San Giorgio Maggiore, mais c'est à l'intérieur que vous attend une divine surprise. Traversez l'église, prenez une porte à gauche, vers le cloître. Là, sous une voûte sombre, se cache un sublime tableau de Bellini. Glissez une pièce de 0,20 € pour l'admirer, seul, dans un silence absolu. Ce trésor rien que pour soi, à regarder seul, sans caméra de surveillance ni gardien, offre une sensation inédite. Après ce moment d'émotion, perdez-vous dans le quartier, mystérieux et désœuvré. Vous aurez vraiment l'impression d'avoir visité la Sérénissime… sereinement.

--- PETITE BALADE À SAN PIETRO

Allez jusqu'au bout de la Via Garibaldi, puis continuez tout droit sur la Fondamenta Santa Anna. Un long pont de bois, le Ponte di Quintavalle, vous mène dans un autre décor : l'**île de San Pietro**. Une Venise en mode mineur s'offre à vous, celle où vivent les derniers pêcheurs de la Sérénissime. Avec ses jardins désordonnés, ses maisons modestes, ses petites barques et son campanile bancal, l'île semble aujourd'hui oubliée. L'endroit fut pourtant parmi les premiers à être habités, alors même que Venise n'existait pas encore. Le pont mène à la grande **église de San Pietro di Castello** (Ouvert du lundi au samedi de 10h à 17h. Entrée : 3 € ou Chorus Pass), qui fut la cathédrale de la ville jusqu'en 1807, quand la basilique Saint-Marc obtint ce statut. Remarquez que le *campo* sur lequel elle se dresse est encore en herbe, comme c'était le cas autrefois sur la plupart des *campi* de la ville. Juste à côté, observez le cloître à moitié abandonné, puis perdez-vous dans les rues alentour ou, pour regagner rapidement San Marco, prenez le *vaporetto* à l'arrêt San Pietro.

Fondazione Querini Stampalia

Campo Santa Maria Formosa, 5252

V° San Marco-San Zaccaria ou Ospedale

Tél. 041 271 14 11 • www.querinistampalia.it

Ouvert du mardi au samedi de 10h à 20h, le dimanche de 10h à 19h

Entrée : 8 €

Ce haut lieu culturel installé dans un palais vaut vraiment le détour, d'autant qu'il se situe sur une place charmante, à visiter notamment le dimanche après-midi pour son animation. Construite au XVIe siècle, cette demeure de la famille Querini-Stampalia, cédée à la Ville en 1898 par son dernier descendant, le comte Giovanni, abrite quelque 700 œuvres de maîtres vénitiens. Dans les années 1960, le célèbre architecte vénitien Carlo Scarpa effectua une rénovation ingénieuse et installa un magnifique jardin contemporain.

Venise

Excursions dans les îles

Les îles du nord de la lagune

Si vous passez un week-end prolongé à Venise, une escapade vers ces îles hors du temps vous laissera un souvenir formidable. Outre l'impression de s'extraire pour quelques heures de l'agitation touristique, vous y savourerez toute la poésie de la vie lagunaire.

BON À SAVOIR • Vous pouvez ne visiter que Murano si vous manquez de temps, mais sachez qu'une journée complète, à condition de partir tôt le matin, suffit pour découvrir Burano, Torcello et Murano grâce à la ligne LN-Laguna Nord (arrêt Fondamente Nove, Cannaregio). Il est conseillé de commencer par la plus éloignée, Burano (45 min de trajet), notamment en haute période touristique, puisque beaucoup de voyageurs visitent Murano en matinée. Et puis, c'est aussi l'occasion de s'offrir un bon gueuleton sur cet îlot de pêcheurs. Plus tard, après un crochet par Torcello, "l'île d'avant-Venise", filez à Murano pour y terminer la journée.

--- BURANO

Accès en 45 min de bateau par la ligne LN au départ de l'embarcadère Fondamente Nove (Cannaregio) • ***V° Burano***

Même en plein hiver, vous ne regretterez pas la petite croisière de 10 km jusqu'à ce joyau sans prétention, ancienne capitale européenne de la dentelle au XVIe siècle. Les maisonnettes aux façades de couleur – jaune vif, rose bonbon, bleu roi, mauve... – donnent immédiatement le ton : Burano est une île de pêcheurs joyeuse et attachante, une palette extraordinaire que les habitants renouvellent chaque année en repeignant leur façade toujours de la même teinte ! Selon la légende, les couleurs permettent à chaque habitant de repérer sa maison dans la brume...

Baigné d'une lumière particulière, ce village polychrome semble flotter tel un radeau au milieu d'une lagune émeraude. Ici, où l'existence s'écoule paisiblement, tout le monde se connaît et s'entraide. Passez donc au marché aux poissons, à la pâtisserie Palmisano – qui a inventé le *buranello*, un délicieux biscuit –, au Gatto Nero ou encore chez Da Romano, deux trattorias incontournables.

--- PETITE BALADE À BURANO

Plutôt que de descendre comme tout le monde à l'arrêt Burano, choisissez l'originalité : quittez le navire une station plus tôt, à l'arrêt Mazzorbo, l'île voisine, puis marchez une dizaine de minutes le long de l'eau en direction de Burano, accessible par un étroit pont de bois. De là, passez par la Via Galuppi, puis filez vers les artères désertes du côté de la Fondamenta della Pescheria, ou des pelouses qui entourent l'église San Martino. Ou bien encore, partez à la recherche du campanile penché. Avis aux photographes : les alentours de la Fondamenta Terranova sont très photogéniques.

Da Forner €€

Fondamenta Terranova, 130
Tél. 041 730 002 • www.daforner.it
Ouvert tous les midis, sauf le mercredi • Fermé en janvier
L'adresse est certes touristique, mais située à l'écart de la foule, et l'accueil y est hospitalier. À la belle saison, on aime surtout le calme de sa minuscule terrasse constituée de trois tables au bord d'un petit canal. La cuisine n'est pas mirobolante, mais le menu du jour (19,50 €) est honnête. Copieuses pâtes saumon-roquette, suivies d'une friture de poisson, d'un thon grillé ou d'une escalope milanaise. Grande carafe de vin blanc à 13 €.

Pasticceria Palmisano Carmelina

Via Galuppi, 355
Tél. 041 730 010
Ne manquez pas cette pâtisserie spécialiste du *buranello*. Un régal ! Également appelé *bussolà di Burano* ou *essi* à cause de sa forme en serpent, ce petit biscuit n'est fait que de bonnes choses : farine de froment, œuf, sucre, vanille et citron. Et c'est dans cette pâtisserie qu'il est né ! Si Carmelina n'est pas en train de papoter avec ses copines, elle vous racontera peut-être comment s'y prend son mari Giorgio pour préparer ses douceurs. Avec un peu de chance, vous pourrez peut-être même assister à la préparation en arrière-cuisine...

--- TORCELLO

Accès depuis Burano uniquement par la navette T
(départ toutes les 30 min) • Traversée : 8 min
En descendant du bateau, suivre le quai qui longe le canal
et mène au cœur de l'île • ***Vo Torcello***

Au milieu des roseaux et de la vase se dresse un campanile solitaire. De loin, Torcello est un mirage. Comment imaginer qu'au Xe siècle vivaient dix mille âmes sur cette terre déserte et silencieuse ? Siège de l'évêché d'Altino, Torcello connut la prospérité jusqu'au XIIIe siècle, alors que Venise n'était encore qu'une modeste entité, mais le paludisme, l'ensablement de ses canaux et les conflits politiques eurent raison d'elle. Aujourd'hui, on compte les habitants à l'année sur les doigts des deux mains, et l'île possède la mélancolie des villes revenues à l'état de nature. Elle laisse aussi imaginer la Sérénissime avant qu'elle ne domestique son environnement.
Outre une petite église et un campanile, en restauration depuis une attaque de la foudre, la magnifique cathédrale Santa Maria Assunta, le plus ancien monument de l'histoire vénitienne, mérite à elle seule l'expédition. Fondée en 639, elle témoigne de l'attachement à Byzance de cette petite île peuplée d'habitants venus de la terre ferme pour fuir les invasions barbares. À l'intérieur, ne manquez pas l'immense mosaïque représentant le Jugement dernier.
Ouvert tous les jours de 10h30 à 18h, 17h en hiver
Entrée : 4 € • Cathédrale + musée + campanile : 10 €

--- MURANO

Accès en 10 min par le vaporetto nº 41 ou 42
ou par la LN à partir de l'embarcadère Fondamente Nove
Le bateau LN s'arrête aussi à Murano, mais uniquement à l'arrêt Faro, puis continue vers Burano • Les lignes 41 et 42 desservent tous les arrêts de l'île (descente conseillée à Colonna ou à Faro)
Autre possibilité : prendre la ligne DM (direct Murano) à Piazzale Roma (terminus bus) ou Ferrovia (gare ferroviaire) ; cette ligne dessert également tous les arrêts de Murano • ***Vo Murano (7 arrêts)***

Murano est la Mecque de la verrerie et du cristal depuis le XIIIe siècle. De nombreux ateliers vénitiens fabriquaient déjà du verre deux siècles auparavant, mais cette industrie florissante fut transférée en 1291 sur l'île de Murano, qui en obtint alors le monopole. Réputés dans l'Europe entière à partir du XVIe siècle, les verriers bénéficiaient d'une matière première unique : le sable de la lagune, à l'origine de cette transparence singulière.

De cette époque faste, l'île a gardé des airs de grande dame, mais cette Venise miniature a un double visage : majestueuse avec ses palais, elle est aussi industrieuse avec ses cités ouvrières encore bien vivantes et ses cheminées en brique rouge.

Pour ce qu'il reste de l'industrie du verre, méfiance ! Se faire plaisir pour quelques euros avec ce que les Vénitiens nomment la "pacotille", soit, mais sachez qu'un grand nombre des babioles en verre vendues dans ses boutiques viennent... de Chine ! Pour des raisons de coûts de production essentiellement, le déclin de Murano débuta au XIXe siècle, lorsque le cristal de Bohême s'imposa, pour s'accélérer après la Première Guerre mondiale. Et les savoir-faire ancestraux si élaborés se perdirent peu à peu...

Aujourd'hui, il n'existe plus que cinq ou six maisons de renom qui raniment le prestige perdu en imaginant des pièces design ou en retravaillant certaines techniques oubliées. Poussez notamment la porte de chez Baroviere & Toso, de chez Venini (Fondamenta dei Vetrai) ou d'Andromeda (Calle Miotti) pour vous rendre compte de ce qu'est un véritable objet d'art en verre de Murano. Les tarifs, bien sûr, sont himalayens.

Les verriers au boulot

Taillées sur mesure pour les touristes, les visites d'atelier gratuites, avec souffleur de verre travaillant pour vous devant son four, impressionneront petits et grands. Dans une chaleur suffocante, on assiste à la naissance du verre, puis d'un objet sculpté dans la fournaise. Cette belle démonstration se termine bien sûr par un passage par l'espace de vente, mais rien ne vous oblige à sortir votre portefeuille. Toutes les maisons de verre de Murano proposent ce genre d'animation en continu.

--- PETITE BALADE À MURANO

Après avoir écumé les boutiques de verre autour de la Fondamenta dei Vetrai, passez le Ponte Vivarini et enfoncez-vous dans la partie populaire de Murano, vers le nord : cap sur le **Campo San Bernardo** et, plus loin, la **Calle del Convento**. Vous entrez alors dans une drôle de cité : ruelles rectilignes peuplées de logements sociaux, derniers ateliers de verroterie, enfants jouant au baby-foot au beau milieu d'une cour… Authenticité garantie ! Au bout des rues, des pontons de bois au bord de l'eau offrent une vue émouvante sur la lagune nord.

Museo del Vetro

Fondamenta Giustinian, 8 • **V° Murano Museo**
Tél. 041 789 586
Ouvert tous les jours de 10h à 18h (17h en hiver), sauf le mercredi
Entrée : 5,50 €

Dans ce magnifique palais du XVIIe siècle sont exposées près de 4 000 pièces. Y sont présentées toutes les grandes maisons, y compris celles qui ont disparu, dont on reconnaît chaque fois le style spécifique, tandis que des fiches détaillent l'incroyable catalogue des possibilités qu'offre le travail du verre. À l'étage, ne manquez pas le centre de table du XVIIIe siècle représentant un jardin italien. Sublime, mais il faut avoir un peu de place à la maison !

Chiesa dei Santi Maria e Donato ♥

Campo San Donato (après le Museo del Vetro,
en remontant la Fondamenta Giustinian) • **Vo Murano Museo**
Ouvert du lundi au samedi de 9h à 12h et de 15h30 à 19h,
le dimanche de 15h30 à 19h
Entrée libre

Ce modèle de l'architecture vénéto-byzantine, presque aussi ensorcelant que la basilique Saint-Marc, est la grande attraction secrète de Murano. Bizarrement, pas un touriste, ou presque. Un peu à l'écart, cette splendeur rebâtie au XIIe siècle sur des fondations du VIIe siècle tourne le dos à un canal. En arrivant, vous commencerez donc par admirer la superbe abside, avec ses arcades à colonnettes jumelées, ses balustrades et ses ornements en pierre blanche d'Istrie. Un travail remarquable de délicatesse. De l'autre côté, sur le *campo*, la façade principale est, à l'inverse, très austère. À l'intérieur, un superbe pavement en marbres polychromes du XIe siècle, décoré de figures géométriques, d'aigles, de poissons, de paons et d'animaux, rivalise avec les mosaïques sur fond d'or de la voûte.

Chiesa San Pietro Martire

Fondamenta dei Vetrai • **Vo Murano Faro**
Ouvert du lundi au vendredi de 9h à 18h, le samedi de 15h à 18h,
le dimanche de 12h à 18h • Horaires plus fantaisistes en hiver !
Entrée libre • Sacristie : 1,50 €

L'autre église de Murano, bien plus visible, puisque située au bout de la Fondamenta dei Vetrai. De belles toiles de Véronèse sur le côté gauche et de Bellini à droite. Le passage par la sacristie ornée d'extraordinaires boiseries du XVIIe siècle est fortement recommandé.

Ai Bisatei ♥ €€

Campo San Bernardo, 1 • **V° Murano Venier**
Tél. 041 739 528
Ouvert tous les jours de 12h à 15h30 environ, sauf le samedi
À l'écart de la foule, sur un *campo* cerné d'habitats collectifs du début du siècle dernier, voici une adresse que l'on aimerait presque garder secrète. C'est depuis longtemps la cantine des ouvriers du verre, mais aussi de tous les travailleurs de l'île. Les membres du club local des canotiers en ont également fait leur QG. On vous laisse imaginer l'ambiance sur le coup de midi ! Chez Ai Bisatei, la petite friture de poissons suivie d'une *pasta* à l'encre de seiche revient à 20 €. Assiette du pêcheur (10 €), *sarde in saor* (6 €) et très bon risotto du jour (6 €). Le patron, Bruno, un Napolitain pur jus qui ressemble à Mastroianni, gère le service avec la tranquillité du vieil aubergiste. Le reste de l'équipe virevolte en salle, mais sait prendre le temps de vous détailler le menu si besoin. Les plats défilent à un rythme soutenu, ça bavarde de table en table, et les gars en bleu de travail reprennent des forces sans broncher, comme chez la *mamma*. La salle du fond est décorée de photos des grands maîtres verriers : remarquez que chacun a sa spécialité – d'ailleurs pas toujours du meilleur goût. Un tuyau : pointez-vous plutôt après 13h si vous ne voulez pas poireauter sur le *campo* avant de décrocher une table.

Trattoria Busa alla Torre €€€

Campo San Stefano, 3 • **V° Murano Faro**
(sur la rive en face de l'église San Pietro Martire)
Tél. 041 739 662
Ouvert du mardi au dimanche jusqu'à 15h30
La bonne humeur de Lele, le patron, est contagieuse. Même sa cuisine est souriante : poissons, crustacés, pâtes et *gnocchi* bien mitonnés. S'ils figurent à la carte, laissez-vous tenter par des *moeche*, petits crabes qui perdent leur carapace et deviennent tout mous. Ils se dégustent entiers, simplement frits. Une rareté. Le service n'est jamais pressant, même lorsqu'on a la chance d'être en terrasse. Compter tout de même 40 € pour un repas complet.

• VOIR LA LAGUNE NORD AUTREMENT

Ile de San Michele

Accès en 5 min par le vaporetto n° 41 ou 42
au départ de l'embarcadère Fondamente Nove • **Vo Cimitero**
Accessible tous les jours de 7h30 à 18h (jusqu'à 16h30 d'octobre à mars)
Entrée libre

Voici l'un des coins les plus reposants de Venise, où vous pouvez compter au moins une demi-heure de balade enchanteresse. Allez-y de préférence le matin, lorsque les mamies vénitiennes font le voyage en *vaporetto* pour venir nettoyer la tombe de leur défunt mari. Posé face à Cannaregio, cet îlot aux allures de forteresse est en effet un cimetière. Mais ce qui frappe ici, c'est l'atmosphère presque joyeuse : les arrosoirs en plastique de toutes les couleurs, les milliers de fleurs qui ne flétrissent jamais – en plastique elles aussi – et les pierres tombales majestueuses qui jouxtent les caveaux à étages contribuent à rendre "l'île aux morts" à la fois insolite et intime. À voir : les sépultures du compositeur Igor Stravinski, de Serge Diaghilev, d'Ezra Pound – prenez un plan à l'entrée. En repartant, jetez aussi un œil au cloître.

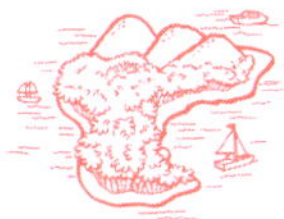

Ile de Sant'Erasmo

Accès par le vaporetto n° 13 au départ de Fondamente Nove
Vo Sant'Erasmo • *Trajet : 30 min environ*

L'île la moins touristique de l'archipel vénitien est surnommée le "potager de Venise". D'ailleurs, si vous avez fait quelques emplettes au marché du Rialto, vous aurez noté que les caisses de légumes portent l'inscription "Sant Rasmo". À la belle saison, la bonne stratégie consiste à emporter son pique-nique pour un déjeuner sur l'herbe au milieu des champs d'artichauts violets – arrêtez-vous alors à l'arrêt Capannone ou Chiesa. Après quoi, marchez vers l'est jusqu'à la petite plage pour faire trempette. Sur cette île, on peut aussi rendre visite au seul viticulteur de la lagune, un Français ! En 2000, Michel Thoulouze, ancien producteur télé, a restauré une ferme dans ce coin paumé et y a réintroduit des vignes. Son Orto di Venezia, un blanc sec, est le dernier vin lagunaire existant.

La Trattoria da Toni €€

Ile de Vignole • Vaporetto nº 13 à Fondamente Nove, descendre à Vignole
Tél. 041 528 97 07
Ouvert du mardi au dimanche

Juste à côté de Sant'Erasmo, cette guinguette au milieu d'un jardin est le rendez-vous des rameurs aux beaux jours. Tout le monde arrive ici avec sa petite barque ! Buffet d'entrées, poissons grillés, fruits de mer, pâtes maison, menus de saison, légumes du jardin, pizzas cuites au feu de bois. C'est varié et sans chichis. Ambiance bras dessus, bras dessous, le petit verre de vin blanc escorte naturellement le repas. Ensuite, il ne reste plus qu'à faire la sieste à l'ombre des grands arbres...

Les îles du sud de la lagune

--- SAN LAZZARO DEGLI ARMENI

Accessible en 5 min par le vaporetto 20 de 15h

Face à la ville, une toute petite île habitée par une poignée de moines arméniens où Lord Byron ne manquait jamais de faire un saut à chacun de ses séjours vénitiens. Fresque de Tiepolo, ouvrages millénaires enfermés dans un coffre-fort géant, momie égyptienne, jardins de roses : un prêtre arménien s'occupe de faire la visite. Le lieu est fascinant.

--- LIDO

Accès par les lignes nos 1, LN, 51 et 52 • **Vo Lido**

Cette grande île allongée sert de barrière contre les flots de l'Adriatique. Lorsqu'on arrive de Venise, la première (mauvaise) surprise, ce sont les retrouvailles avec les voitures. Pour le reste, le Lido est une station balnéaire sans grand intérêt : hormis le plaisir d'admirer les villas élégantes, il n'y a pas grand-chose à y faire. Autrement dit, inutile d'y perdre son temps, surtout en été ou en septembre, lors de la Mostra : l'endroit est alors plein comme un œuf. L'accès aux plages du Lido est soumis à un droit d'entrée, contrairement aux plages publiques d'Alberoni (à 10 km du centre) et de Pellestrina. L'accès est possible par le bus Lido-Chioggia (bus no 11 au départ de la Gran Viale, l'avenue en face de l'embarcadère) ou, mieux, à vélo.

Balade à vélo au départ du Lido

Louez un vélo sur l'avenue principale, la Gran Viale. De là, prenez la direction du bac de Malamocco, qui vous dépose à Pellestrina, une langue sablonneuse encore sauvage. Un autre bac vous conduit à Chioggia, adorable port de pêche. En tout, c'est une expédition d'une quarantaine de kilomètres aller-retour, avec le plat pays de la lagune pour horizon. Une belle journée hors des sentiers battus.

Venise

Shopping

Ville commerçante dans l'âme, la Cité des Doges regorge de petites échoppes au charme suranné. Bijoux, verres, masques, antiquités, beaux papiers, tissus, livres d'art... Les tentations ne manquent pas, mais les amateurs de bonnes affaires en tout genre seront déçus. Si vous cherchez des vêtements à la mode et pas chers, des bons plans déco, ou même des marchés aux puces, oubliez ! La vieille ville, avec 60 000 habitants seulement, n'est plus un carrefour commercial depuis belle lurette, si ce n'est peut-être pour les librairies, très nombreuses. Les stocks de marques italiennes et les enseignes *fashion* où l'on ne se ruine pas essaiment désormais plutôt en Vénétie : le berceau de la maison Benetton, par exemple, se situe à Trévise.
À Venise, le nombre de commerces de bouche a lui aussi fondu en un demi-siècle : vous ferez surtout vos emplettes gourmandes à Cannaregio dans la Strada Nova ou à San Polo, dans les rues autour du Rialto. Passez notamment chez Rizzardini (voir p. 106) pour en rapporter quelques *buranelli*, ou à la Casa del Parmigiano (voir p. 174), à côté du marché, pour son choix de fromages et de charcuteries. Derrière la Piazza San Marco dominent surtout aujourd'hui les enseignes de luxe, qui proposent le top de l'élégance italienne, les galeries d'art et les antiquaires, souvent hors de prix, entre deux boutiques de masques et de souvenirs. En revanche, l'authenticité demeure parfois dans d'autres quartiers, Dorsoduro et San Polo restant sans aucun doute les zones les plus riches en artisanat et en belles rencontres.

--- SAN MARCO

Vineria Dai Do Cancari

Campo San Stefano-Calle delle Botteghe, 1234 • **V° Accademia**
Tél. 041 241 06 34
Ouvert tous les jours
Ce bon détaillant de vins italiens et de *prosecco*, à proximité du Campo Santo Stefano, commercialise notamment l'unique vin de la lagune, l'Orto di Venezia. Un vin blanc sec, très minéral, fabriqué par un Français sur l'île de Sant'Erasmo (voir p. 163).

Santa Maria Novella
Salizzada San Samuele, 3149 • **V° San Samuele**
Tél. 041 522 08 14
Eau de Cologne, élixir de rose, pots-pourris... Les branchés sont dingues des préparations ancestrales de la marque florentine Santa Maria Novella. Tous les produits sont élaborés selon les recettes des pères fondateurs de cette parfumerie créée en 1612 à Florence.

Quel che Manca
Salizzada del Teatro, 3965 • **V° Sant'Angelo**
Tél. 041 522 26 81
Ouvert du lundi au samedi
Un antiquaire abordable près de San Marco ? Oui, ça existe ! La preuve avec cette caverne d'Ali Baba cachée dans une petite rue sombre du centre. Beaucoup d'habitués viennent se fournir ici en lampes, tableaux, boîtes à biscuits en fer, vaisselles, argenterie, vieux panneaux publicitaires, petites aquarelles... Les possibilités de trouver "ce qui manque" sont fortes...

Luigi Valese
Calle Fiubera, 793 • **V° San Marco Vallaresso ou Rialto**
Tél. 041 522 72 82
Ouvert tous les jours
La spectaculaire fonderie se trouve du côté de la Madonna dell'Orto à Cannaregio ; la boutique, elle, est au cœur de San Marco. Elle raconte tout l'art de la famille Valese, célèbres fondeurs vénitiens depuis 1913, les derniers en activité. Les *musi da porton*, ces heurtoirs à tête d'animal, surtout de lion, que l'on peut voir sur toutes les portes des palais, les lanternes de la ville, le cheval cabré des gondoles, les poignées de l'hôtel Gritti... Tout cela sort de chez eux. Compter 50 € pour un heurtoir.

Giuliana Longo

Calle del Lovo, 4813 • **V° Rialto**

Tél. 041 522 64 54 • *www.giulianalongo.com*

Ouvert du lundi au samedi

Bienvenue chez Giuliana, la chapelière officielle des gondoliers. Présidente de l'association El Felze, qui réunit les artisans participant à la construction et à l'équipement de la gondole, elle est la seule à fabriquer le véritable chapeau de paille, invention des années 1960. Eh oui, seulement ! Chaque hiver, c'est elle aussi qui coiffe les gondoliers du traditionnel béret en drap de laine noir avec pompon – qui se fait malheureusement de plus en plus rare. Dans son atelier, Giuliana confectionne également des chapeaux de femme un peu fous et propose un beau choix de panamas, de casquettes en tweed, de cagoules d'aviateur en cuir et de tricornes pour le Carnaval. Les prix vont de 40 € à 300 €.

Sermoneta

Calle Larga XXII Marzo, 2400a • **V° Giglio**

Tél. 041 277 78 52

L'une des seules enseignes de la rue où l'on peut s'arrêter sans vider son compte en banque ! Ce gantier romain très connu en Italie propose des modèles en cuir dont il décline les couleurs à l'infini. La qualité est au rendez-vous. La classe à l'italienne, aussi ! Les prix s'échelonnent de 32 à 80 €.

--- DORSODURO

Dittura Massimo

San Vio, 871 • **V° Accademia**

Tél. 041 523 11 63

Ici, on fabrique la "furlane", la pantoufle vénitienne – mais originaire du Frioul –, avec des semelles en pneu de vélo, ce qui la rend antidérapante ! Adoptée jadis par les gondoliers avant qu'ils ne passent aux Nike, ces élégants chaussons se déclinent en 85 coloris. À partir de 20 € la paire.

Cantinone Già Schiavi ♥

Ponte San Trovaso, Fondamenta Nani, 992 • **V° Zattere**
Tél. 041 523 00 34
Ouvert du lundi au samedi
Étape incontournable pour une *ombretta*, c'est aussi un marchand de vins réputé pour ses choix et sa gamme de prix, avec des flacons corrects à partir de 8 €. Parfait pour acheter une bouteille de grappa, l'eau-de-vie italienne, avant de repartir.

Mondonovo

Rio Terà Canal, 3063 • **V° Ca' Rezzonico**
Tél. 041 528 73 44
Ouvert du lundi au samedi
Vendeur de masques vénitiens, Guerrino utilise des techniques anciennes, mais ne rechigne pas à jouer la carte de l'originalité. Sans jeu de mots, cette boutique a vraiment de la gueule. Pour un loup ou un masque de la *commedia dell'arte*, les premiers prix avoisinent les 40 €.

Annelie Pizzi e Ricami ♥

Calle Lunga San Barnabà, 2748 • **V° Ca' Rezzonico**
Tél. 041 520 32 77
Ouvert du lundi au samedi
Dédiée aux dentelles (*pizzi*) et aux broderies (*ricami*), cette charmante boutique a des airs de grenier de campagne. Robes façon *Petite Maison dans la prairie*, layettes pour bébé (à partir de 12 €), nappes brodées (100 € pour une nappe de 6 personnes), écharpes, chemises de nuit anciennes ou copies d'anciens modèles, ballotins de lavande brodés (4 €), tout est de bon goût, et il y en a pour toutes les bourses.

Galleria Cortese

Campo Santa Margherita, 2917 • ***V° Ca' Rezzonico***
Ouvert tous les après-midi jusqu'à 20h
Petits tableaux déglingués, verroterie et lustres, meubles et objets anciens, et toute une collection de babioles sans grande valeur... Dans le bric-à-brac de Marco, en fonction des arrivages et de votre flair, vous pouvez dégoter une perle. Les prix vont de 5 à... 500 € !

Bressanello ArtStudio ♥

Ponte di Pugni, 2835a • ***V° Ca' Rezzonico***
Tél. 041 724 10 80 • www.bressanelloartstudio.com
Ouvert tous les jours
Après des années passées dans la Calle Lunga San Barnabà voisine, le photographe Fabio Bressanello a investi ce local au bord de l'eau. Pour le trouver, repérez la barque du vendeur de légumes, à côté du pont. Pour le reste, que les fans se rassurent : rien ne change. On retrouve ses images en noir et blanc retouchées d'un voile à l'aquarelle, autour d'un thème unique : Venise et sa lagune. Un beau travail d'artiste qui se vend de 70 à 200 € pour une œuvre numérotée.

Pour le plaisir des yeux...

À Dorsoduro, ces échoppes tenues par des artisans exigeants méritent un petit crochet. Pas forcément pour sortir votre porte-monnaie, mais pour les rencontrer et admirer leur travail. Et, qui sait, peut-être dégoterez-vous quand même un petit souvenir à rapporter ?

Saverio est le doyen des fabricants de rames et de forcole, *ces tolets en bois sur lesquels le gondolier pose sa rame. En noyer, cerisier, érable ou poirier, il faut compter entre 10 et 40 heures de labeur pour les tailler à partir d'un tronc brut. L'endroit est magnifique, avec ses pièces exceptionnelles aux formes complexes qui ressemblent à des sculptures contemporaines. Bien sûr, les prix sont au diapason : de 150 € pour un modèle simple à 500 € pour les plus élaborés. Pas le budget ? Aucune gondole à équiper ? Pour quelques euros, optez pour un joli coupe-papier en forme de* forcole.

Le Forcole di Saverio Pastor ♥

Fondamenta Sorenza de la Fornace, 341 • **V° Accademia**

Tél. 041 522 56 99 • www.forcole.com

Ouvert du lundi au samedi

“D’octobre à février, c’est l’époque du tabarro*”, dit le proverbe. Monica Daniele est l’une des dernières maisons à vendre cette longue et ample cape en laine noire que portait Casanova. Il paraît que ce manteau revient à la mode depuis que Karl Lagerfeld a organisé un défilé Chanel sur la plage du Lido en 2009. Compter 300 € ; sinon, vous craquerez peut-être pour un joli chapeau – casquette, borsalino... – à partir de 50 €.*

Monica Daniele

Calle Scaleter, 2235 • **V° San Stae**

Tél. 041 52 46 242 • www.monicadaniele.com

Ouvert du lundi au samedi

Dans cet atelier réputé, on loue le nec plus ultra *du costume de fête. Si vous venez pour le Carnaval, retenez qu’il faut compter au moins 160 € par jour pour une tenue complète : masque, perruque, bijoux, chaussures, armes...*

Atelier Pietro Longhi

Rio Terà dei Frari, 2671a • **V° San Tomà**

Tél. 041 71 44 78 • www.pietrolonghi.com

Ouvert du lundi au vendredi et le samedi matin

--- SAN POLO

Casa del Parmigiano

Campo della Bella Vienna, 214 • ***V° Rialto***
Tél. 041 520 65 25 • *www.aliani-casadelparmigiano.it*
Ouvert du lundi au samedi

C'est dans cette maison, fondée à Parme en 1930, que vous trouverez le meilleur parmesan, mais pas seulement. Choix de fromages italiens – dont la *burrata*, une mozzarella crémeuse –, de charcuteries, de pâtes fraîches et de quelques trésors comme la truffe blanche d'Alba. L'accueil est toujours attentionné, et l'équipe – une famille, avec la *mamma* aux commandes –, derrière ses comptoirs réfrigérés, ne rechigne jamais à vous expliquer d'où viennent ses produits. Une excellente adresse.

Mario Gabbioto ♥

Campo San Tomà, 2818 • ***V° San Tomà***
Ouvert tous les jours

Documentaliste, iconographe et collectionneur, Mario entasse les *vedute*, ces images et photographies de sa ville, en reproduit certaines avec une minutie de faussaire et les encadre avec une passion d'entomologiste. Impossible de repartir les mains vides ! On peut craquer pour une photo originale (120 € environ), pour de vieilles cartes postales (15 €) ou pour de petites copies d'aquarelles anciennes (moins de 10 €). Avis aux passionnés : vous trouverez ici un superbe plan de Venise de 1635 dans différents formats.

Giorgio Mion & Silvia Finiels

Calle Seconda dei Saoneri, 2674 • ***V° San Tomà***
Tél. 041 721 310
Ouvert du lundi au vendredi et le samedi matin

Si vous aimez les objets en verre, la petite boutique de Giorgio et Silvia vous éblouira. Ici s'entasse la mémoire de la verrerie vénitienne. Des pièces uniques et pas si chères, vu leur valeur, souvent réalisées par les plus grands maîtres de Murano : *goti* (gobelets vénitiens) à partir de 40 €, perles de verre à 50 €, presse-papiers à

150 €. Les célèbres sapins de Noël en verre, recherchés par les collectionneurs, oscillent entre 100 et 300 €. On trouvera en outre quelques beaux tableaux et des objets de culte.

Gilberto Penzo - La Scialuppa ♥

Calle Seconda dei Saoneri, 2681 • **V° San Tomà**
Tél. 041 719 372 • *www.veniceboats.com*
Ouvert du lundi au samedi

Un endroit que l'on adore. Auteur d'un ouvrage de référence sur la flotte vénitienne, animateur du renouveau des régates historiques, Gilberto Penzo est une encyclopédie vivante de la navigation lagunaire. Sa minuscule boutique propose des maquettes de bateaux fabriquées de ses mains. Du *vaporetto* à la galère, en passant par la gondole, elles sont d'un réalisme impressionnant – notamment, elles sont faites du même bois que les originaux. Certains modèles réduits ont réclamé une centaine d'heures de travail. Compter environ 100 € pour une réplique de gondole, et, pour les enfants, une maquette en bois prédécoupée au laser revient à 39 € minimum. Outre des *forcole* de toutes tailles ou d'adorables ex-voto marins, Penzo vend plans et notices pour se fabriquer sa propre gondole ! Si vous ne le voyez pas dans sa boutique, vous le trouverez dans son atelier, dans la Calle Malvasia, la deuxième rue sur la droite en remontant.

Fabbro

Ruga Vecchia San Giovanni • **V° Rialto**
Tél. 041 524 17 13
Ouvert tous les jours

Ciao Pinnochio ! Le pantin de bois au long nez se décline ici à toutes les sauces : crayons, yo-yo, toupies, ustensiles de cuisine... Une boutique monomaniaque idéale pour rapporter un petit cadeau sans se ruiner.

Tragicomica

Calle dei Nomboli, 2800 • **V° San Tomà**

Tél. 041 721 102

Ouvert tous les jours de 8h à 19h

Si vous ne deviez visiter qu'une seule boutique de masques, ce serait celle-ci. Située à quelques pas de la Casa Goldoni, c'est sans aucun doute la plus belle de toutes. Ici pas de *made in China* : les masques sont tous faits à la main en papier mâché. Les prix courent de 25 à... 3 000 € ! Possibilité de louer son costume complet pour le Carnaval (de 100 à 300 € par jour).

--- SANTA CROCE

Libreria Mare di Carta

Fondamenta dei Tolentini, 222 • **V° Piazzale Roma**

Tél. 041 716 304 • www.maredicarta.com

Ouvert du lundi au samedi de 9h à 13h et de 15h30 à 19h30

Si vous cabotez dans le coin, faites-y escale. Vous trouverez dans cette librairie toutes les bonnes cartes pour naviguer dans le labyrinthe vénitien, ainsi que des posters, des calendriers et de beaux livres sur la ville.

--- CANNAREGIO

Giacomo Rizzo

Salizzada San Giovanni Crisostomo, 5778 • **V° Ca' d'Oro**

Tél. 041 522 28 24

Ouvert du lundi au samedi, sauf mercredi après-midi

Le temple de la *pasta*. Chez Rizzo, on en voit de toutes les couleurs : *tagliatelle* aux artichauts, aux cèpes, à la myrtille, au curaçao (4,50 € le paquet de 250 g). Depuis quatre générations, tout est fabriqué à la main dans l'arrière-boutique. Une bonne adresse également pour faire le plein de bonnes sauces tomate ou d'huile de truffe.

De Rossi - Ferro battuto artistico

Strada Nova, 4311 • **Vº Ca' d'Oro**

Tél. 041 522 24 36 • *www.derossiferrobattuto.com*

Ouvert du lundi au samedi

Des lampes, et encore des lampes ! Sous ce ciel de lanternes vénitiennes en suspension, pas si simple de faire son choix. On en voit de toutes les couleurs, de l'ambre à l'opaline en passant par le bleu, et de toutes les formes, de la *gabbia* ("cage") à la *zucca* ("courge"). Prenez le temps de réfléchir en visitant les ateliers, sur les Fondamente Nove : on y forge l'armature, et la partie en verre vient de Murano. Compter entre 40 et 130 € pour un modèle de base, selon la taille.

--- CASTELLO

Libreria Acqua Alta

Calle Lunga Santa Maria Formosa, 5176 • **Vº San Marco Vallaresso**

Tél. 041296 08 41

Ouvert tous les jours (horaires un peu fantaisistes !)

"La plus belle librairie du monde" : c'est ainsi que Luigi Frizzo définit son antre désordonné. Des livres sur Venise (à partir de 5 €), dont beaucoup en français, de vieilles cartes postales (de 1 à 3 €), une collection d'ouvrages historiques, des romans et quelques livres d'images. Dans la première pièce, une gondole sert de présentoir. Au fond, une porte s'ouvre directement sur le canal. En hiver, l'*acqua alta* vient parfois chatouiller les rayonnages...

Banco nº 10

Salizzada Sant'Antonin, 3478a • **Vº San Marco-Pietà ou Arsenale**

Tél. 041 522 14 39

Ouvert du lundi après-midi au samedi

Tous les vêtements vendus dans cette boutique sont confectionnés par les pensionnaires de la prison de femmes de la Giudecca. Rien d'austère pour autant, et vestes, écharpes, sacs et robes se révèlent bien coupés et plutôt de bon goût. Chaque modèle est unique.

Vino e Vini

Salizzada del Pignater, 3566 • **V° San Marco-San Zaccaria**

Tél. 041 521 01 84

Ouvert du lundi au samedi

De belles bouteilles, mais aussi du vin en fûts. Les gens du quartier viennent avec leur bidon pour faire le plein ! À retenir aussi pour le *prosecco*, et pour le choix parmi quelque 90 grappas de toute l'Italie et 35 vinaigres balsamiques.

Librairie française

Barbaria delle Tole, 6358 • **V° Ospedale**

Tél. 041 522 96 59

Ouvert du lundi après-midi au samedi

À quelques pas de Santi Giovanni e Paolo, ce libraire ne vend que des livres en français. Son rayon consacré à la ville de Venise est exceptionnel. Pour les petits, on y trouve un classique : *Gaspard à Venise*, de Anne Gutman et Georg Hallensleben, l'histoire d'un petit chien qui visite la ville en famille et qui, soudain, pique une gondole !

Venise

Carnet pratique

À savoir avant de partir

Formalités

Pour les ressortissants de l'Union européenne, une carte d'identité en cours de validité ou un passeport suffisent pour se rendre à Venise.

Santé

Pour être remboursé de vos soins médicaux, la Carte européenne d'assurance-maladie, valable un an, remplace désormais le formulaire E 111. Vous l'obtiendrez gratuitement en appelant votre centre de Sécurité sociale ou en vous connectant sur www.ameli.fr, rubrique "Vacances en Europe". Prévoir une quinzaine de jours pour la recevoir.

Carte Bleue

Attention : en Italie, la carte Bleue n'est pas le moyen de paiement le plus courant. La plupart des restaurants n'acceptent que les paiements en liquide, *idem* aux guichets des transports en commun et dans de nombreuses institutions culturelles.

Pourboires

Les restaurants de Venise comptent parfois un supplément (1 ou 2 €) pour le couvert et le pain. Rien ne vous oblige à ajouter un pourboire.

Téléphone

Pour téléphoner de l'Italie vers la France

00 33, puis le numéro de votre correspondant à 9 chiffres, c'est-à-dire le numéro à 10 chiffres, sans le 0.

Pour téléphoner de la France vers l'Italie

00 39, suivi de 041 (pour Venise) et du numéro à 6 ou 7 chiffres de votre correspondant.

Pour téléphoner en Italie

0 + indicatif de la ville, puis le numéro de votre correspondant.

Internet

Beaucoup d'hôtels proposent désormais le Wi-Fi, souvent gratuitement. Sinon, des zones Wi-Fi payantes (8 €/24h) sont installées dans toute la ville. On peut s'abonner avant le départ à un tarif préférentiel (environ 5 €/24h) sur www.veniceconnected.com.

Pour préparer votre voyage

À Paris

Office national italien de tourisme

23, rue de la Paix • Mo Opéra
75002 Paris
Tél. 01 42 66 03 96 • www.enit.it
Ouvert au public du lundi au vendredi de 9h à 17h

À Venise

Les bureaux d'information sur le tourisme à Venise pullulent – gare Santa Lucia, Piazzale Roma, Piazza San Marco... –, mais ils sont souvent bondés en haute saison. Mieux vaut donc se renseigner au préalable sur Internet.

Le guide de l'office de tourisme (2,50 €) n'est pas indispensable, mais il peut s'avérer utile pour les mises à jour des horaires d'ouverture des musées et églises – en Italie, ceux-ci changent souvent. On y trouve aussi des infos détaillées sur les expos temporaires et les concerts notamment.

En revanche, un passage dans l'un des offices de tourisme de Venise est nécessaire pour obtenir la Rolling Venice Card (4 €), qui offre de belles réductions aux moins de 29 ans (voir p. 16).

Infos sur Internet

Le Campiello de Venise

www.campiello-venise.com

Plans, photos, itinéraires, rubriques sur la vie quotidienne, adresses de restos... Ce site au ton amical est tenu par un promeneur passionné : ça sent le vécu ! Parfait pour préparer son voyage.

E-Venise

www.e-venise.com

Ce site formidable est rédigé par un couple de Français tombé amoureux de la ville et qui a fini par s'y installer : plus de 1 400 pages d'histoire de Venise et de traditions encore vivantes. Documentés et bien écrits, les articles sont agrémentés de photos. En 2009, plus de 1,7 million de visiteurs ont consulté cette mine d'informations.

Musei civici veneziani

www.museicivicivenezianii.it

Le site des musées de la ville de Venise est un peu brouillon, et disponible en italien et en anglais seulement, mais on y trouve une foule d'infos pratiques, notamment sur les musées de la place Saint-Marc. On peut aussi y réserver en ligne les "Itinéraires secrets" du palais des Doges (voir p. 129) ou les visites de la tour de l'Horloge (voir p. 127).

Livres de route

Aucune autre ville n'ayant fait couler plus d'encre, nombre d'ouvrages aident à mieux capter l'air et l'histoire de Venise. Sélection.

• *Dictionnaire amoureux de Venise*, de Philippe Sollers (Plon). Sans doute le meilleur guide littéraire sur la ville, écrit par un amoureux de Venise.

• *Venises*, de Paul Morand (Gallimard, "L'Imaginaire"). Publié en 1971, *Venises* est le testament de l'écrivain. Avec sa plume merveilleuse, il dépeint ses souvenirs vénitiens comme autant de séquences de sa propre vie. À lire au retour, pour replonger dans la lagune.

• *En observant Venise*, de Mary McCarthy (Payot, " Petite Bibliothèque"). Passionnante introduction à la grande saga historique et artistique.

• *Corto Maltese. Fable de Venise*, de Hugo Pratt (Casterman). Une bande dessinée troublante de réalisme. Pratt était vénitien, et cela se sent. Indispensable.

• *Histoire de Venise*, de Christian Bec (PUF, "Que sais-je ?"). Cette fresque très complète et facile à lire détaille toute l'histoire de la ville, de ses origines à l'après-guerre.

• *Mort à la Fenice*, de Donna Leon (Seuil, "Points"). Cette auteure de polar américaine vit depuis vingt ans à Venise. Toutes ses intrigues ont pour cadre la cité lacustre, où enquête le commissaire Brunetti.

• *Venise. Trente itinéraires à la découverte de la ville*, de Paolo Giordani (Cicero). La bible de la promenade architecturale. On trouve ce gros livre en français à la Librairie française ou dans celle de la Douane de Mer. À acheter si vous avez décidé de revenir.

S.O.S. touristes en détresse

Consulat de France à Venise

*Palazzo Morosini, Ramo del Pestrin, 6140 • V° **Rialto***
Tél. 041 522 43 19
Ouvert lundi et jeudi de 14h à 16h,
mardi, mercredi et vendredi de 9h à 12h
En cas de vol ou de perte de votre argent ou de vos papiers, le consulat vous aidera à trouver les meilleures solutions.

Numéros d'urgence

Urgences : 112
Pompiers : 115
Police : 113
Un poste de police se trouve sur la Piazza San Marco.

Ospedale civile

*Campo Santi Giovanni e Paolo • V° **Ospedale***
Tél. 041 529 41 11
Cet hôpital traite aussi les urgences pédiatriques : 041 529 58 00.

Médecins de garde

Venise • Tél. 041 529 40 60
Lido • Tél. 041 526 77 43
Mestre • Tél. 041 951 332

Venise

Index

Index alphabétique

Index par quartier

CANNAREGIO

DORMIR

MANGER

SORTIR ET BOIRE UN VERRE

DÉCOUVRIR

SHOPPING

CASTELLO

DORMIR

MANGER

SORTIR ET BOIRE UN VERRE

DÉCOUVRIR

SHOPPING

GIUDECCA

LIDO

MESTRE

PUNTA SABBIONI

BURANO

MURANO

VIGNOLE

Direction artistique Isabelle Chemin assistée de Marylène Lhenri
Cartographie Aurélie Boissière
Avec la collaboration de Sébastien Cordin

Achevé d'imprimer en avril 2010,
sur les presses de Sagim, à Courtry
ISBN 978-2-35179-078-6
Dépôt légal avril 2010
N° d'impression : 11878